Antje Bostelmann, Michael Fink, Gerrit Möllers

Gute Kita gemeinsam gestalten

Ein Buch über Qualität für Eltern und Erzieher

Impressum

Gute Kita gemeinsam gestalten. Ein Buch über Qualität für Eltern und Erzieher

Autoren
Antje Bostelmann, Michael Fink, Gerrit Möllers

Gestaltung
PASPARTA o.p.s Prag, Manuela Bourja

Lektorat
Katharina Koch, Ferdinand Bostelmann

Coverfoto
Barbara Dietl

Druckerei
Druckerei Uwe Nolte, Iserlohn
Gedruckt auf chlorfrei gebleichtem Papier

Verlag
Bananenblau – Der Praxisverlag für Pädagogen
Bananenblau UG (haftungsbeschränkt)
Arkonastr. 45-49, 13189 Berlin
Telefon: 030 477 96 0
Telefax: 030 477 96 204
E-Mail: info@bananenblau.de
www.bananenblau.de

© Bananenblau 2015
ISBN 978-942334-41-9

Inhalt

Vorwort 5

Wie Qualität entsteht 10
Qualität im Kindergarten 10
Warum Qualität die Erfüllung von Erwartungen ist 14
Das Dilemma mit der Kinderbetreuungsqualität 16
Über die Bedeutung von Standards und Zielen 17
Qualitätselemente, aus denen Kindergartenqualität entsteht . . 20
Nicht vergessen, es geht um das Kind! 22
Wir wollen gut sein: Instrumente der Qualitätssicherung
im Kindergarten 24

Qualitätsermöglicher: Die Finanzierung 27
Über den Umgang mit Ressourcen 29
Was ist zu tun? 32

Qualitätsumsetzer: Die Mitarbeiter 35
Gute Erzieher: Woher nehmen und nicht stehlen? 35
Das emotional geprägte Arbeitsumfeld von Erziehern 36
Emotionale Verbundenheit: Wer gehört dazu, wer nicht? 37
Bedürfnis des Kümmerns: Wie sage ich auch mal „Nein"? 39
Informelle Strukturen und Druck im Team 42
Verschweigen von Auseinandersetzungen 44
Warum etwas ändern, was gut funktioniert? 45
Tipps und Tricks für authentische Professionalität
im Kindergarten 47
Vor der Bühne, hinter der Bühne 54
Wissen, wie es den Mitarbeitern geht 54

Qualitätselemente: Die Standards...........................**58**

Wie Kita heute gelingen kann 58

Darstellung von Prozessabläufen 61

Den pädagogischen Kernprozess durch Standards sichern 63

Qualitätserhebung: Die Evaluation.........................**72**

Wissen, wo man steht 72

Vorbeugen ist besser als Wunden heilen 80

Wer macht was bis wann? 81

Tue Gutes und rede darüber 85

Qualitätsmitgestalter: Die Eltern........................... **86**

Kundenerwartungen 87

Häufige Schwierigkeiten in der Zusammenarbeit
zwischen Eltern und Erziehern................................ 89

Den Kunden verstehen 91

Den Kunden ernst nehmen 94

Den Kunden gewinnen und behalten 96

Veranstaltungen für Eltern...................................100

Kundenbeschwerden nutzen................................. 102

Tipps und Ideen zum Einholen von Elternmeinungen......... 103

Mut zum Träumen **105**

Zum Schluss: Sieben Leitsätze für Kitaqualität **108**

Die Autoren **110**

Zum Weiterlesen... **111**

Vorwort

Ob eine Bildungseinrichtung etwas taugt oder nicht, muss man erdulden, ist eine weit verbreitete Elternmeinung, und notfalls muss man die Einrichtung wechseln. Genauso sehen es viele Erzieherinnen, kündigen und ziehen weiter, wenn es in ihrer Kita nicht stimmt. Viele Eltern sowie Erzieher wünschen sich jedoch eine richtig gute Kindereinrichtung für ihr Kind, beziehungsweise als Arbeitsstätte. Aber was versteht man eigentlich darunter? „Unser Kind soll sich wohl fühlen und gern dort hingehen", sagen viele Eltern. „Es muss im Team stimmen", ist der Hauptgrund für Erzieherinnen, in einer Einrichtung gerne zu arbeiten. Für die zuständigen Behörden oder die Träger von Kindertagesstätten ist eine Einrichtung dann gut, wenn sich möglichst niemand beschwert. Kinder lieben ihre Kita, wenn Freunde zum Spielen da sind, sie gutes Spielzeug vorfinden und das Essen schmeckt.

Die Ansichten und Meinungen derer, die direkt mit den Kindereinrichtungen zu tun haben, sind verschieden. Die Diversität in den Annahmen und Überzeugungen zum Thema steigert sich noch, unterhält man sich darüber mit Menschen ohne direkten Bezug dazu. Gehört hat schon jeder etwas davon, oder kennt zumindest jemanden, der etwas erlebt hat. Meist kommen die Einrichtungen oder ihre Erzieherinnen nicht so gut dabei weg. Oft polarisiert sich das Bild zwischen einzelnen in den Medien hoch gehypten Einrichtungen und denen, die im Auge der Öffentlichkeit komplett „unten durch" sind. Aber häufig fehlt diesen Einschätzungen jegliche sachliche Grundlage. Das ist auch kein Wunder. Die Bundesregierung verzichtet seit Jahren darauf, einheitliche Qualitätsstandards für Kinderbetreuungseinrichtungen festzulegen und diese zu kontrollieren. Woran soll also eine Einrichtung gemessen werden?

Der gesellschaftliche Diskurs über Kinderbetreuung und die Rolle von Kindern in unserer Gesellschaft läuft kreuz und quer, häufig in sich widersprechenden Thesen und Themen. Hier mischen sich so ziemlich alle Themen, die in der Innenpolitik eine Rolle spielen. Es beginnt mit der Finanzierung von Kitaplätzen und den Parametern, die damit im Zusammenhang stehen – die Größe von Räumen, die Gruppengröße, die Anzahl von Betreuungspersonen. Dann wird darüber diskutiert wie viele der Kinder eigentlich einen Betreuungsplatz erhalten sollen. Das nennt man den „Versorgungsgrad" in einer Region. Sieht man sich diese Zahlen an wird schnell klar, dass es gar nicht darum geht für jedes Kind einen Betreuungsplatz zu schaffen. In den meisten Fällen ist eine Kommune mit einem Platzangebot für 40 bis 60 % der Kinder zufrieden. In einzelnen Fällen liegt die Betreuungsquote sogar darunter.

Übersicht von Betreuungsquoten, -bedarf sowie Differenzen von Kindern unter 3 in Prozent nach Bundesländern 2012

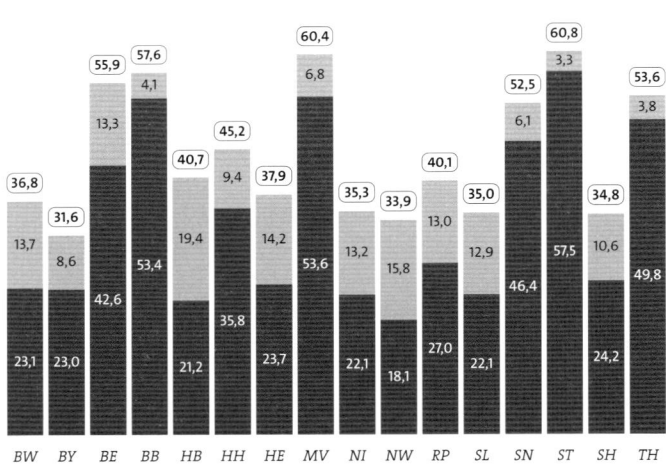

	BW	BY	BE	BB	HB	HH	HE	MV	NI	NW	RP	SL	SN	ST	SH	TH
Gesamter Bedarf	36,8	31,6	55,9	57,6	45,2	40,7	37,9	60,4	35,3	33,9	40,1	35,0	52,5	60,8	34,8	53,6
Differenz	13,7	8,6	13,3	4,1	9,4	19,4	14,2	6,8	13,2	15,8	13,0	12,9	6,1	3,3	10,6	3,8
Quote	23,1	23,0	42,6	53,4	35,8	21,2	23,7	53,6	22,1	18,1	27,0	22,1	46,4	57,5	24,2	49,8

○ Gesamter Betreuungsbedarf der Eltern mit Kindern im jeweiligen Alter
▦ Differenz zwischen Betreuungsbedarf und Betreuungsquote
■ Betreuungsquote Kinder im jeweiligen Alter

Übersicht von Betreuungsquoten, -bedarf sowie Differenzen nach Altersgruppen in Prozent in Deutschland 2012

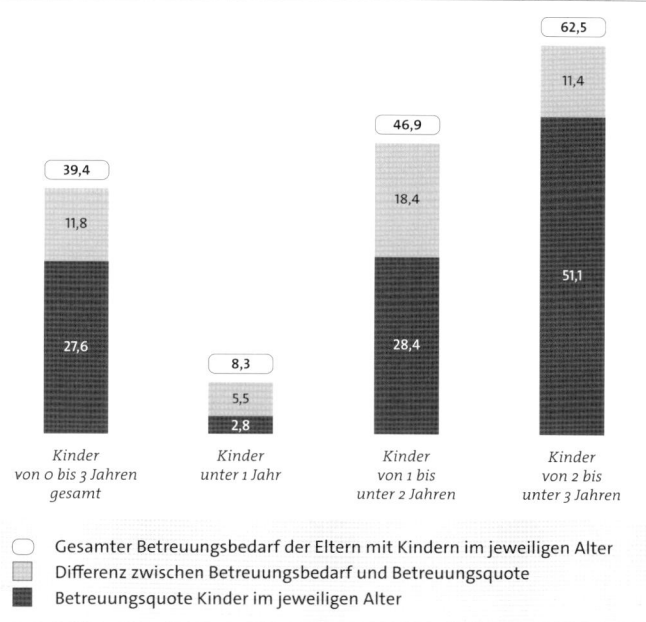

Gesamter Betreuungsbedarf der Eltern mit Kindern im jeweiligen Alter
Differenz zwischen Betreuungsbedarf und Betreuungsquote
Betreuungsquote Kinder im jeweiligen Alter

Quelle: Vierter Zwischenbericht zur Evaluation des Kinderförderungsgesetzes.
Datenbasis: Statistisches Bundesamt: Statistiken der Kinder- und Jugendhilfe.
Kinder und tätige Personen in Tageseinrichtungen und Kindertagespflege 2012;
Berechnungen der Dortmunder Arbeitsstelle Kinder- und Jugendhilfestatistik;
Deutsches Jugendinstitut: Ergebnisse der repräsentativen Länderbefragung zu den
Betreuungsbedarfen der Eltern von Kindern unter 3 Jahren 2012.

Die nächste Frage ist dann, wer die Kinder betreuen soll. Hier lässt man sich häufig von Problemen leiten, die vor allem darin liegen, dass es immer weniger Erzieher gibt. Dabei bleibt unklar, was hier eigentlich Ursache und was die Wirkung ist.

Ist es nicht eher so, dass die unklare Qualitätsbestimmung und die daraus folgende, fehlende gesellschaftliche Einordnung und Anerkennung der Kinderbetreuung für viele junge Menschen die Attraktivität des Berufes schädigt? Und eben nicht die fehlende Zahl von Erziehern der Grund ist, warum wir an der Situation der Kinderbetreuung nicht viel verbessern können?

Hinzu kommt die große Grundsatzdiskussion darüber, ob es überhaupt gut für Kinder ist in einer Kindereinrichtung betreut zu werden. Hier wird Tausenden von Müttern ein schlechtes Gewissen eingeredet, damit sie gar nicht erst auf die Idee kommen, von ihrem Rechtsanspruch auf einen Betreuungsplatz Gebrauch zu machen.

In diesem Wirrwarr ist es nicht einfach zu sagen, was eine gute Kindereinrichtung ausmacht. Da kann so manch einer resignieren und sich mit dem abfinden, was er an Betreuung vorfindet, solange es den Kindern irgendwie gut geht und die Erzieherinnen sich in ihrem Team ganz wohl fühlen.

Uns als Autoren reicht es nicht. Wir sind überzeugt davon, dass die Qualität von Kindertagesstätten ein wichtiger Faktor für eine erfolgreiche Zukunftsgestaltung unserer Gesellschaft ist. Deshalb wollen wir in diesem Buch Wege aufzeigen, wie Erzieherinnen und Eltern gemeinsam auf die Qualität ihrer Einrichtung Einfluss nehmen können.

Wir haben in unseren Texten bewusst keinen Schwerpunkt auf die Analyse wissenschaftlicher Theorien gelegt, sondern anhand unserer Erfahrungen mit Krippen und Kindergärten praktische Hilfen für Erzieherinnen und Eltern abgeleitet. Wir verwenden die Eltern- und Erzieherbefragungen aus unserem eigenen Arbeitsumfeld und beziehen uns auf Zahlen, die wir aus aktuellen und allgemein zugänglichen Quellen erhalten. Gerade deshalb interessiert uns, welche Erfahrungen Sie zum Thema gesammelt haben oder was Sie aktuell beschäftigt. Wir freuen uns daher wie immer, wenn Sie uns schreiben!

Ihre
Antje Bostelmann, Michael Fink und Gerrit Möllers
im September 2014

Um den Lesefluss nicht zu behindern, haben wir im Fließtext meistens die weibliche Form genutzt. Es dürfen sich aber immer beide Geschlechter angesprochen fühlen.
Wir verwenden abwechselnd die Begriffe Kita, Kindergarten und Krippe. Gemeint sind, wenn nicht ausdrücklich anders bezeichnet, stets die Einrichtungen in der 0- bis 6-jährige betreut werden.

Wie Qualität entsteht

In diesem Kapitel gehen wir den allgemeinen Forderungen, Regeln und Grundsätzen des Qualitätsmanagements auf den Grund und hinterfragen diese in Bezug auf den Kindergarten.

Qualität im Kindergarten

Bevor wir uns mit dem Thema Qualität von Kinderbetreuungseinrichtungen ausführlich beschäftigen ist es hilfreich, der Frage nachzugehen was Qualität eigentlich ist und wodurch sie sich beeinflussen lässt. Die Bedeutung des Wortes „Qualität" lässt sich im Grunde in einem kurzen Satz zusammenfassen: Qualität ist der Zustand einer Sache bezogen auf ihren Zweck.

Auf den Kindergarten bezogen bedeutet dies, dass zuerst Klarheit über den Zweck des Kindergartens herrschen muss, um eine Zustandsbestimmung vorzunehmen. Darauf kommen wir in diesem Buch mehrfach zurück.

Die oben angeführte einfache Definition von Qualität lässt sich sehr gut auf einzelne Produkte anwenden. Ein Gegenstand ist in unseren Augen von guter Qualität, wenn er seinen Zweck erfüllt. Das Bügeleisen liefert nach dem Bügelvorgang ein faltenfreies Hemd, die Waschmaschine macht unsere Wäsche sauber und der Nagel lässt sich gut mit dem Hammer in die Wand schlagen. Bis hierhin ist es sehr einfach. Der Kindergarten ist jedoch nicht einfach ein Gegenstand oder ein Produkt, welches in seiner Funktionalität betrachtet wird. Ein Kindergarten ist eine komplexe Organisation, bei der viele Faktoren berücksichtigt werden müssen, um akzeptable Ergebnisse abzuliefern. In der Industrie würde man deshalb sagen, dass der Kindergarten die Fähigkeit zur Qualität besitzen muss.

Qualitätsfähigkeit
Die Qualitätsfähigkeit ist die Eignung einer Organisation
oder ihrer Elemente, [...] festgelegte Qualitätsanforderungen
zu erfüllen. Zur Qualitätsfähigkeit gehören die finanziellen,
technischen, organisatorischen und personellen Mittel [...].
(Quelle: www.industrie-lexikon.de)

Der Kindergarten benötigt also Standards, Regeln und Routinen, die
das reibungslose Zusammenspiel von finanziellen, technischen, organisatorischen und personellen Faktoren ermöglichen. Das bedeutet,
dass diese Faktoren so aufgestellt sein müssen, dass sie eine qualitativ hochwertige Arbeit überhaupt möglich machen. Sie werden aber
häufig nicht vom Kindergarten selber bestimmt, sondern von außen
vorgegeben. Wie viel Geld zur Verfügung steht und wie viele Mitarbeiter zu beschäftigen sind, bestimmt häufig der Gesetzgeber oder die
Satzung der kommunalen Verantwortungsträger. Selbstverständlich
haben diese Faktoren einen großen Einfluss auf die Qualität des Kindergartens und doch sind sie nicht die ausschlaggebenden Punkte,
die bei der Einschätzung der Einrichtung von Bedeutung sind.

Alle Kindereinrichtungen, ob sie nun kommunal oder privat getragen
werden, ob sie von Eltern initiiert sind oder ob eine Tagespflege sich
um eine kleine Anzahl von Kindern kümmert: alle haben sie Übung
im Verwalten des Mangels. Von den angestellten Mitarbeitern ist häufig jemand krank, im Urlaub oder besucht eine Fortbildung und für
den viel zu schnell auftretenden Renovierungsbedarf und das häufig
zu erneuernde Spielzeug ist meist kein Budget vorgesehen. Viele Lei-
terinnen sind deshalb aktiv im Umfeld der Einrichtung tätig, knüpfen
Beziehungen und organisieren dringend benötigte Dinge ohne dafür
Geld zahlen zu müssen. Baumärkte, Handwerksbetriebe und Gärtne-
reien stellen Kindereinrichtungen häufig Reste zur Verfügung.

Erzieherinnen sind oft erfinderisch. Sie können aus Nichts ganze Wel-
ten zaubern und bleiben dabei fröhlich, engagiert und zuversichtlich.
Personalmangel und Geldknappheit sind dem System so ins Blut

gegangen, dass man wie selbstverständlich damit umgeht. Dies hat seine Schattenseiten, zeigt aber auch, dass die Einrichtungen der Kinderbetreuung über Qualitätskompetenz verfügen.

Qualitätskompetenz
Qualitätskompetenz kann man folgendermaßen beschreiben:
Die Fähigkeit einer Organisation, durch selbstorganisiertes
Handeln in nicht vordefinierten und auch nicht vordefinierbaren Situationen vordefinierte Ergebnisse zu erlangen.
Das heißt, dass die Kindergärten über die Fähigkeit
verfügen müssen, selbst dann die pädagogische Qualität
sicherzustellen, wenn die Bedingungen schwierig sind.

Nach dieser Definition muss eine Organisation so aufgestellt sein, dass sie mit dem Unvorhergesehenen elegant umgehen kann und dabei stets die geforderten Ergebnisse erreicht. Hier sind die Kindereinrichtungen ein gutes Beispiel. Kein Tag ist wieder andere. Die in den Bundesländern aufgestellten Bildungsstandards sind hilfreich, aber nicht dafür da, die Prozesse im Einrichtungsalltag vorzuschreiben. Das wäre auch gar nicht möglich, denn dort, wo viele Menschen aufeinander treffen, sind Abläufe nie wirklich gleich. Der Morgenkreis findet zwar jeden Tag zur selben Uhrzeit statt und die Erzieherin hat ihn wie üblich vorbereitet, aber wie er am Ende abläuft, hängt doch von vielen Ereignissen ab: Die Bezugserzieherin ist krank und wird vertreten oder ein Kind hat ein wichtiges Erlebnis zu verarbeiten und möchte unbedingt davon berichten etc. Hier gilt es also, flexibel zu reagieren und Vorgeplantes in die zweite Reihe zu rücken. Spontan zu reagieren gehört zum Kindergartenalltag: Ein Kind bekommt plötzlich Fieber, Eltern haben ein besonderes Anliegen, der Ausflug kann nicht stattfinden, da die Mitarbeiter der örtlichen Verkehrsmittel streiken usw. Unter Beachtung dieses Aspekts ist die Qualität der Einrichtung nur dann zu erreichen, wenn die Mitarbeiter und Eltern über die Fähigkeit zur Selbstorganisation verfügen. Keine Organisation würde es schaffen Qualitätsstandards zu definieren und Prozessvorgaben zu machen, die auf diese hohe Zahl an Unvorhersehbarkeiten angemessen ausgerichtet sind. Gerade deshalb sind grundlegende Strukturvorgaben, Standards, Routinen und vereinbarte Prozessabläufe unabdingbar. Dies ist kein Widerspruch, da gerade diese Routinen die Basis der Flexibilität im Alltag sind.

Und jetzt fügen wir dieser komplexen Situation noch eine Herausforderung hinzu:

Kano-Modell

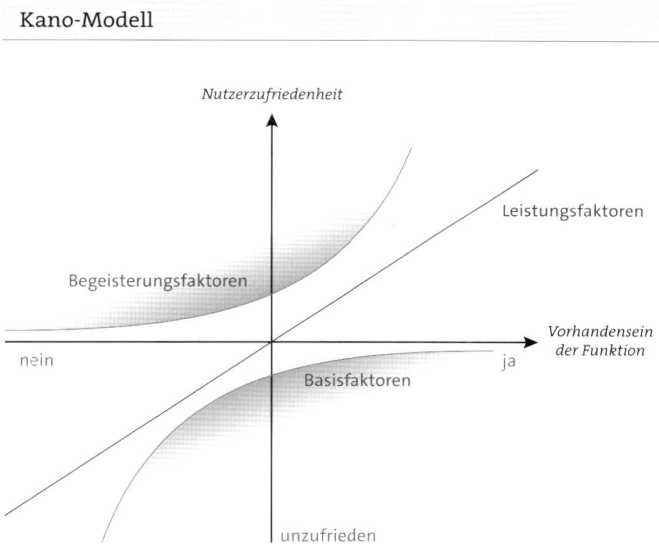

Quelle: Das Kano-Modell, eigene Darstellung

Ob man eine Sache gut findet oder nicht, hängt stark davon ab, wie bekannt und normal eine Sache ist. Vor einigen Jahren war es eine absolute Neuheit, Portfolios in den Kitas zu haben. Eltern und Erzieher waren davon begeistert (Begeisterungsfaktor in der Grafik) und damit wurde das Portfolio zu einem ganz besonderen Qualitätsmerkmal von Einrichtungen. Heute findet man praktisch keinen Kindergarten mehr ohne eine Form der Bildungsdokumentation. Das Portfolio ist zu einer Selbstverständlichkeit geworden, die mittlerweile auch gesetzlich gefordert wird – im Qualitätsmanagement nennt man dies einen „Basisfaktor". In Elternkreisen hat ein Kindergarten dann einen besonderen Ruf, wenn er besondere Leistungen bietet. Das Portfolio allein reicht dafür heute nicht mehr aus und der Kindergarten muss sich mit neuen Angeboten positionieren. Entstehen aus diesen Gesetzmäßigkeiten Entwicklungen, wie zum Beispiel „Gehirntraining für Säuglinge" oder „Früh-Chinesisch"?

Was hat dies mit Qualität zu tun und wer bestimmt, was unbedingt notwendig ist? Sollte sich der Kindergarten nicht in erster Linie auf die Kinder und ihre Bedürfnisse konzentrieren? Wir sind hier einem grundlegendem Missverständnis von Qualität auf der Spur, welches wir in den folgenden Kapiteln weiter behandeln und dessen Ursachen wir aufdecken werden.

Eine erste Ursache ist die Beschränkung der Qualitätseinschätzung auf die Strukturelemente. Warum wird das Thema Qualität in Kindertageseinrichtungen so ablehnend diskutiert? Die Erzieherinnen und Eltern befürchten, das Qualitätsvorgaben zu viel Einengung bedeuten würden. Die Kommunen und Träger sehen sich außerstande Vorgaben zu verfassen, die all diesen Dingen gerecht werden. Daher beschränkt man sich bisher auf strukturelle Vorgaben, wie die Größe der Räume, die Erlaubnis zum Betreuen einer bestimmten Anzahl von Kindern in diesen Räumen, den Abstand von Handtuchhaltern und die Höhe von Waschbecken und Toiletten. Die Erfüllung dieser Strukturstandards reicht bei weitem nicht aus, um Betreuungsqualität zu erreichen.

Warum Qualität die Erfüllung von Erwartungen ist

Qualität liegt im Auge des Betrachters. Dieser Satz ist weise, drückt er doch aus, dass es sehr schwer ist, die Qualität einer Sache neutral und sachlich zu bewerten: Das rote Kleid gehört zu Marias Lieblingsstücken. Sie sieht so toll darin aus, dass ihre Freundin Anna darum bittet, es ausleihen zu dürfen. Als Anna sich im Spiegel betrachtet findet sie, dass das Kleid ihre Figur unvorteilhaft verändert und die Farbe ganz und gar nicht zu ihr passt. Sie wird das Kleid nicht weiterempfehlen, während Maria weiterhin davon schwärmt.

Wie Maria geht es vielen Eltern, wenn sie gefragt werden, ob sie ihren Kindergarten weiterempfehlen können. Vor diesem Hintergrund wird eine kundenbezogene Sichtweise auf die Qualität deutlich, die vor allem in Kindereinrichtungen wiederzufinden ist.

Kundenbezogener Qualitätsbegriff

Qualität lässt sich durch die Wahrnehmung der Leistungen durch den Leistungsempfänger definieren. Eine Messung der Qualität erfolgt demzufolge durch die Erfüllung von Forderungen, d.h. durch subjektive Qualitätskriterien, die sich an Forderungen, Anforderungen (und) Erwartungen der Leistungsempfänger festmachen lassen.

(Quelle: Qualitätsmanagement für Nonprofit-Organisationen, M. Bruhn, Wiesbaden 2013)

Ob eine Kindereinrichtung Ansehen genießt hängt davon ab, wie sie in ihrem Umfeld wahrgenommen wird. Diese Wahrnehmung beruht vor allem auf subjektiven Faktoren, wie zum Beispiel darauf, ob die Erzieherinnen freundlich sind, die Kindergruppen beim Spaziergang gesittet wirken und der Kindergarten von außen schön und gepflegt aussieht. Einen großen Einfluss auf den Ruf und das Image der Einrichtung haben die Eltern. Sie berichten über den Kindergarten im Freundeskreis, auf dem Spielplatz oder in der Sportgruppe. Hört man den Darstellungen zu wird deutlich, an wie viel unterschiedlichen Faktoren Eltern festmachen, ob ihr Kindergarten gut ist oder nicht.

„Also unser Kindergarten ist ganz toll", erzählt Susanne. „Was wir Eltern dort schon alles gemacht haben: Wir haben eine Schaukel aufgestellt und hübsche Büsche gepflanzt. Den alten Eingangsbereich haben wir neu gestaltet und auch der Sportraum ist jetzt richtig schick. Die im Baumarkt kennen uns schon und wissen was wir brauchen, damit unser Kindergarten aufgepeppt wird!" Ihre Freundin Lisa macht ganz andere Erfahrungen. Sie redet nicht so schwungvoll wie Susanne, sondern eher etwas leise und schüchtern: „Bei Linus in der Kita ist es ganz nett. Die Kita ist gleich am Park und die Kinder können jeden Tag dort herumtollen. Die sind ganz klein, nur 12 Kinder. Naja, die Räume sind dunkel und auch ein bisschen klein, aber die Erzieherin ist total lieb, auch wenn sie viel allein ist, denn so viele Erzieherinnen haben sie dort nicht."

Fachleute reagieren auf solche Beschreibungen zurückhaltend. Eine Kindereinrichtung, die es nicht schafft ihren Eingangsbereich ansprechend zu gestalten und den Eltern überlässt, was aus Garten und Sportraum wird, ist unter fachlicher Sicht eher mit Skepsis zu betrachten. Der Kindergarten mit der einsamen Erzieherin setzt sich über die gesetzliche und wirklich sinnvolle Forderung hinweg, dass stets mindestens zwei Personen die Kinder betreuen müssen. Dies ist ein erheblicher Mangel und bei weitem kein Ausdruck von Qualität. Trotzdem ist das Image beider Kindergärten sehr hoch und die Plätze darin sind wirklich begehrt. Diese Beispiele machen das Dilemma deutlich, in dem sich die Qualitätsdiskussion um den Kindergarten bewegt.

Das Dilemma mit der Kinderbetreuungsqualität

Es ist gesellschaftlich nicht ausgehandelt, an welchen Fakten gute Kinderbetreuung gemessen wird. Zuviel Gerede über historisch begründete Vorbehalte und politische Machbarkeit lenkt vom eigentlichen ab: vom Kind, seiner Familie und deren Bedürfnissen.

Die Kundenorientierung wird in diesem Diskurs falsch verstanden. Es geht nicht darum, alles zu tun, was Eltern wollen, schön finden oder persönlich vertreten. Es geht darum, die Eltern in den Betreuungsprozess ihres eigenen Kindes einzubinden, an der Entwicklung des eigenen Kindes teilhaben zu lassen und ihre darauf ausgerichteten Bedürfnisse zu respektieren.

Die Zielsetzung in der Qualitätsdiskussion ist verschoben. Es geht eher um quantitative Fakten, wie den Versorgungsgrad, den Erzieherschlüssel oder die Höhe der Kosten, als um die Kinder.

Der Kindergarten wird von Eltern zunehmend als Konsumgut und Statussymbol verstanden. Dies erzeugt ein Wettrennen absurdester Leistungsmerkmale, die nichts mit der eigentlichen Qualität des Kindergartens zu tun haben.

Über die Bedeutung von Standards und Zielen

Eine Qualitätsmessung ohne im Vorfeld vereinbarte Standards und Ziele ist quasi nicht möglich. Die Standards und gesetzlichen Grundlagen, die im Umfeld der eigenen Kita gelten, sind Eltern sicherlich bekannt, doch kommen diese nicht zum Tragen, wenn es um die Einschätzung der Einrichtung geht. Das führt wie bei Lisa und Susanne zu selbst erdachten Ersatzstandards, an denen die eigene Einrichtung dann gemessen wird. Dieses Vorgehen ist nicht zielführend in Hinblick auf die Verbesserung der Gesamtsituation. Besonders bedauerlich ist dabei auch, dass die Kinder in solchen subjektiv geleiteten Qualitätsmessungen der Erwachsenen kaum eine Rolle spielen. Die kundenbezogene Sicht auf die Qualität verführt, wenn sie denn Oberhand nimmt, zu Irrwegen (die Eltern fühlen sich wohl, weil sie so gern der Gartenarbeit nachgehen und die Kindereinrichtung reichlich Gelegenheit dazu bietet) und weit weg vom eigentlichen Ziel. Dabei sind gerade in den letzten Jahren viele Standards für die Kinderbetreuung erhoben und gesetzlich verankert worden.

Ein Beispiel:

Im Berliner Kindertagesförderungsgesetz (KitaFöG), dem Gesetz, dem alle Kindereinrichtungen in Berlin unterliegen, werden folgende Zielsetzungen beschrieben:

§1 Allgemeines, Aufgaben und Ziele [...]

(3) Die Förderung in Tageseinrichtungen soll insbesondere darauf gerichtet sein,

1. das Kind auf das Leben in einer Gesellschaft vorzubereiten, in der Wissen, sprachliche Kompetenz, Neugier, Lernenwollen und können, Problemlösen und Kreativität von entscheidender Bedeutung sind,

2. das Kind auf das Leben in einer demokratischen Gesellschaft vorzubereiten, die für ihr Bestehen die aktive, verantwortungsbewusste Teilhabe ihrer Mitglieder im Geiste der Toleranz, der Verständigung und des Friedens benötigt und in der alle Menschen [...] gleichberechtigt sind,

3. das Kind auf das Leben in einer Welt vorzubereiten, für die der verantwortliche Umgang mit den natürlichen Ressourcen unverzichtbar ist,

4. dem Kind zu ermöglichen, eine eigenständige und selbstbewusste Persönlichkeit zu entwickeln, die die kulturelle Vielfalt anerkennt und bejaht,

5. das Kind dabei zu unterstützen, ein Bewusstsein vom eigenen Körper und dessen Bedürfnissen zu erwerben,

6. das Zusammenleben von Kindern mit und ohne Behinderung [...] zu unterstützen.

(4) Die Tageseinrichtungen sollen sich mit anderen Einrichtungen und Diensten abstimmen und mit Einrichtungen der Familienbildung und der Erziehungsberatung kooperieren. Der Übergang zur Schule soll durch eine an dem Entwicklungsstand der Kinder orientierte Zusammenarbeit mit der Schule unterstützt werden. [...]

(5) Bei der Gestaltung des Alltags in der Tageseinrichtung sind den Kindern ihrem Entwicklungsstand entsprechende Mitwirkungsmöglichkeiten zu eröffnen.

(6) Die Kindertagespflege soll die Entwicklung des Kindes zu einer eigenverantwortlichen und gemeinschaftsfähigen Persönlichkeit in einer familiennahen Betreuungsstruktur fördern, [...] den Eltern dabei helfen, Erwerbstätigkeit und Kindererziehung besser miteinander zu vereinbaren.

(Quelle: www.berlin.de/imperia/md/content/sen-familie/ rechtsvorschriften/kitafoeg.pdf)

Diese Zielsetzungen sind eindeutig aus fachlicher Sicht aufgestellt worden und richten sich vor allem am Wohlergehen und der Entwicklung des Kindes aus. In Berlin wird die Einhaltung der gesetzlichen Vorgaben und der Bildungsstandards in allen Einrichtungen regelmäßig überprüft. Dazu werden Erzieherinnen, Träger, Leitungen, Kinder und Eltern befragt und die Arbeit in den Einrichtungen beobachtet und reflektiert. Dieser Weg ist der in unseren Augen einzig machbare, um Kinderbetreuungsqualität zu beurteilen und diese somit weiterzuentwickeln und zu verbessern.

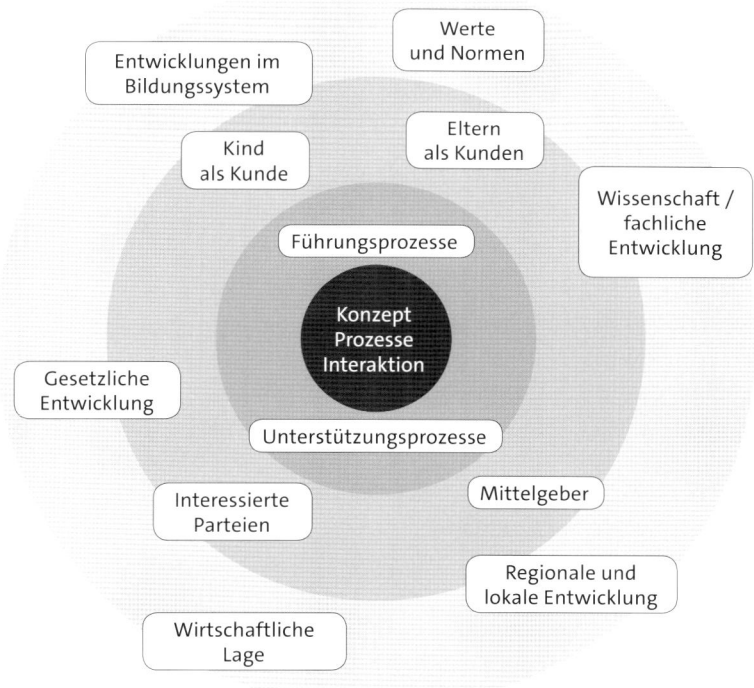

Quelle: Der sichere Weg zur Qualität. Kindertagesstätten als lernende Unternehmen, Antje Bostelmann, Thomas Metze, Beltz 2000, S. 10
(eigene Darstellung nach Vorlage)

Qualitätselemente, aus denen Kindergartenqualität entsteht

Wie sind Kindereinrichtungen beschaffen, die eine gute bis sehr gute Qualität garantieren können? Was machen sie anders als andere? Woran kann man sie erkennen? Diese Fragen sind gar nicht so leicht zu beantworten. Wer denkt, dass gute Kindergärten in schönen Häusern residieren, sich durch gut aufgeräumte Gruppenräume auszeichnen und stets schöne und neue Materialien anbieten, der irrt. Genauso wenig ist ein umfangreiches „Bildungsprogramm" aus Früh-Englisch, Gehirntraining und Orchestermusik ein Indiz. Wir haben schon exzellente Kinderbetreuung in äußerst sanierungsbedürftigen Einrichtungen gesehen und tolle Bildungsangebote ohne Spielzeug und Sprachtrainer beobachtet.

Worauf kommt es also an, wenn von Qualität in der Kinderbetreuung die Rede ist? Zuerst einmal muss daran erinnert werden, dass es in der Kinderbetreuung nicht um die Qualität eines einzelnen Produkts geht, sondern um das Zusammenspiel etlicher Faktoren, die sich wiederum in Qualitätsgruppen bündeln lassen.

Die Strukturqualität
Sie umfasst alle strukturellen Einflussfaktoren, wie Raumgrößen, Kinderanzahl, Betreuungsschlüssel, Finanzen usw. Dazu zählen auch amtliche Vorschriften, Gesetze und Genehmigungen. Die Struktur des Tagesablaufes, der Teamzusammensetzung und der Zusammensetzung der Elternschaft spielen ebenfalls eine Rolle.

Die Orientierungsqualität
Hier bündeln sich die Kenntnisse, Fähigkeiten und Erfahrungen der Erzieherinnen. Die Orientierungsqualität wird aber auch stark von den Werthaltungen der Pädagoginnen beeinflusst. Besonders in pädagogischen Settings kommt es auf die Authentizität des Erwachsenen an. Wie gut ist das pädagogische Personal in der Lage eigene Erfahrungen sowie eigene Stärken und Schwächen im Alltag erlebbar

zu machen und damit zum wertvollen und Fähigkeiten ergänzenden Teammitglied oder zum Faszinationsfaktor und Vorbild für die Kinder zu werden?

Die Beziehungsqualität

Hier handelt es sich um die entscheidende Qualität in der Kinderbetreuung: Wie gut gelingt es den Pädagogen, in diesem Feld positive Ergebnisse zu erzielen? Dazu gehört es, stabile und verlässliche Beziehungen zu den Kindern und Eltern aufzubauen und diese Beziehung für beide Seiten fruchtbar zu gestalten, nicht aus der eigenen Rolle herauszugehen und gleichzeitig das Gegenüber in seiner Rolle zu belassen. Wichtig ist dabei der Respekt gegenüber dem Kind und seinen Eltern, die Gewährung von Chancengleichheit und die Überzeugung, dass jeder Mensch auf seine Weise richtig und wichtig ist. Es kommt allerdings darauf an, in der Balance zu bleiben und Freiheiten stets im Zusammenhang mit Verantwortung zu gewähren, Regeln aufzustellen und immer wieder neu zu verhandeln, geltende Regeln selbst zu leben und die Einhaltung derer von anderen zu verlangen.

Prozessqualität

Aus diesen drei Qualitäten ergibt sich am Ende die Prozessqualität. Sie beschreibt, wie die Prozesse gelingen und auf das Ergebnis wirken. Strukturen, persönliche Orientierung und die Beziehung entscheiden am Ende darüber, wie gut die Dinge, die geregelt sind (Tagesroutinen, Einhaltung von Vorschriften, Erfüllung von Elternwünschen) und die Ziele, die sich die Beteiligten vorgenommen haben (regelmäßig Elternabende durchführen, ein Bildungsprojekt initiieren, im Team einen lang schwelenden Konflikt lösen) erreicht werden.

Prozessqualität		
Strukturqualität	Orientierungsqualität	Beziehungsqualität

Quelle: Das Qualitätsmodell nach Tietze, eigene Darstellung

Die Überbewertung eines einzelnen Qualitätselements führt zu falschen Einschätzungen und Fehlbewertungen, die häufig nicht ohne Folgen bleiben. Die Eltern, die sich von dem tollen Neubau haben verleiten lassen werden schnell sehr unzufrieden, wenn in dem schönen Haus die Erzieher unfreundlich sind, die Gruppenerzieherin ständig wechselt und auf Grund von Personalmangel die Kinder nie in den neuen Garten gehen können. Das Team, welches sich darauf verlässt, dass alle Erzieherinnen immer nett zu den Kindern sind, wundert sich bald über Elternbeschwerden und Proteste darüber, dass zu wenig pädagogische Projekte und Bildungsangebote stattfinden würden.

Nicht vergessen, es geht um das Kind!

Bei allen Qualitätsmodellen und Definitionen geht es doch immer darum, genau zu überlegen, warum etwas geplant, beschlossen oder vorgegeben wird. Viel zu oft passiert es, dass etwas auf der Grundlage einer strukturellen oder personellen Notwendigkeit entschieden wird und der eigentliche Grund für die Betreuungs- und Bildungsarbeit gar nicht gesehen wird. Einrichtungen, denen es gelingt, bei allem was sie tun an die Bedürfnisse der Kinder und Eltern zu denken, erreichen eher hohe Qualitätswerte als jene, die sich von den Alltagsproblemen zu kurzsichtigen Entscheidungen verleiten lassen. Es ist nicht leicht, im täglichen Trubel die Bedürfnisse der Kinder voranzustellen. Das ist im Grunde auch gar kein Problem, denn eine soziale Gemeinschaft lebt davon, dass sich alle in die Gruppe einfügen, miteinander auskommen und aufeinander Rücksicht nehmen. Dies bedeutet nicht, dass der einzelne seine Persönlichkeit und seine Bedürfnisse aufgeben muss. Er kann das tun, was er möchte, solange er damit anderen nicht schadet. Diese Grundregel drückt etwas vereinfacht aus, dass es möglich ist, individuelle Bedürfnisse in der Gemeinschaft zu leben. Damit dies gelingt, sind drei wesentliche Punkte von allen zu akzeptieren.

Respekt

Jeder Mensch ist wichtig und jeder Mensch ist richtig. Unabhängig von Bildungsstand, Hautfarbe, Muttersprache und Einkommen, gehört jeder zur Gemeinschaft und erhält in ihr seinen Platz. Dies gilt für Erzieherinnen, Eltern und Kinder gleichermaßen. Jeden zu achten, seine Eigenarten zu respektieren und ihn als Menschen anzunehmen ist eine wichtige Fähigkeit, die der Kindergarten besitzen muss.

Beteiligung

Eine Gemeinschaft lebt davon, dass jeder sich auf seine Weise beteiligt. Das wird besonders dann wichtig, wenn es gilt, Entscheidungen zu treffen, Regeln aufzustellen und konsequent durchzusetzen. Wenn alle mitmachen, gelingt dies leicht.

Regeln

Regeln sind gemeinsam ausgehandelte Werkzeuge zum Erreichen der Ziele. Ändern sich die Ziele, ändern sich auch die Regeln. Regeln müssen gemeinsam ausgehandelt, beschützt und durchgesetzt werden.

Diese drei Merkmale sorgen im Zusammenspiel für eine gelingende Gemeinschaft aus Eltern, Kindern und Pädagogen. Eine funktionierende Gemeinschaft ist lebendig, verändert sich und reagiert flexibel auf alle Unwägbarkeiten, die im Kindergartenalltag auftreten können. Wenn dies gelingt, ist ein wesentlicher Qualitätsstandard erreicht und die Bedürfnisse der Kinder werden an einem wichtigen Punkt der institutionellen Betreuung berücksichtigt.

Wir wollen gut sein: Instrumente der Qualitätssicherung im Kindergarten

Qualität wollen und Qualität liefern ist nicht automatisch dasselbe. Die meisten Kindereinrichtungen streben danach, den Kindern einen guten Alltag zu bieten sowie den Eltern das Gefühl zu geben, dass ihre Kinder gut aufgehoben sind. In welcher Qualität sie dies erreichen ist von vielen Faktoren abhängig. Trotzdem ist eine gute Betreuungsqualität keine Sache des Zufalls, sondern Ergebnis klar strukturierter Prozesse, gut durchdachter Ziele und eingeübter Bewertungsmethoden. Qualität im Kindergarten kann gelingen. Welche Instrumente dazu eingesetzt werden sollten, zeigen wir hier auf:

Quelle: Der Qualitätskreis, eigene Darstellung

Der Qualitätskreis

Planen, Umsetzen, Kontrollieren, Verbessern. Die vier Schritte des Qualitätskreises machen deutlich, dass der Alltag eines Kindesgartens gut geplant, sorgfältig ausgeführt, mit offenen Augen überwacht und immer wieder verbessert werden sollte. Geplant wird im Kindergarten viel. Es gibt Tagesablaufpläne, Wochen-, Monats- und Jahresplanungen. Angebote werden gründlich vorbereitet und die meisten Handlungen der Erzieherinnen sind vorher im Team besprochen und ausführlich geplant worden. In der Umsetzungsphase kommt es dann schon häufiger zu Abweichungen. Gerade im Kindergartenalltag läuft niemals ein Tag so ab, wie alle ihn sich wünschen. Getreu nach dem Motto „Irgendetwas ist immer!" An dieser Stelle verliert ein Team leicht den Faden. Die Überprüfung der geleisteten Arbeit ist dann schon schwieriger und Korrekturen finden selten statt, da der Umgang mit Fehlern in vielen Teams nicht gut eingeübt ist. Wer wissen will, wie gut er ist, muss diejenigen fragen, für die er arbeitet. Damit ist die Befragung eines der wichtigsten Qualitätsinstrumente. In vielen Kitas werden Eltern und Mitarbeiter nach ihrer Zufriedenheit befragt, viele befragen auch die Kinder.

Ziele und Kriterien aufstellen

Es ist sehr sinnvoll gemeinsame Ziele zu vereinbaren. Denn damit wird allen klar, worum es in der nächsten Periode gehen soll, was mit einem Projekt erreicht werden soll oder welches Ergebnis erwartet wird. Ziele schaffen Transparenz und Verständnis. Sie machen deutlich, worum es geht und erleichtern es dem Einzelnen seinen Beitrag zum Gelingen des großen Ganzen zu konkretisieren. Ziele schützen auch vor Überforderung, wenn sie realistisch sind und sich an dem Leistungsvermögen des Teams orientieren. Ziele machen es leicht zu verstehen, wann erfolgreich gearbeitet wurde und wann nicht. Wer Ziele aufstellt, sollte sich an die SMARTA-Regel halten.

SMARTA-Regel

S	spezifisch
M	messbar
A	akzeptiert
R	realistisch
T	terminiert
A	aktivierend

Kriterien konkretisieren das Ziel. „Wir veranstalten ein Sommerfest, um Geld für unseren Spielplatz zu sammeln", könnte ein Ziel lauten. Ein Kriterium könnte entsprechend sein: „Wir wollen mindestens 500 Euro einnehmen." Erst mit dieser Zahl wird allen ganz klar, worum es geht und während des Festes können alle mitfiebern, wie die Einnahmen in der Kasse steigen. Gleichzeitig kann geprüft werden, ob alle Maßnahmen, die geplant wurden, um die 500 Euro einzunehmen, realistisch sind: Sind genug Bratwürste vorrätig, um den gewünschten Umsatz zu erzielen? Sind in der Tombola genug Lose und werden diese auch zum richtigen Preis verkauft?

Qualität im Kindergarten
- Die Einschätzung über die Qualität einer Kita liegt im Auge des Betrachters, daher ist es wichtig, stets die Bedürfnisse der Eltern und Kinder zu kennen und diese in die Arbeit einzubeziehen.
- Qualitätsarbeit im Kindergarten muss sich stets an den Bedürfnissen der Kinder orientieren.
- Qualitätsarbeit heißt auch, „State of the Art" zu sein, also alle grundlegenden Standards, Gesetze und Regeln der Branche einzuhalten.
- Qualitätsarbeit im Kindergarten ist Beziehungsarbeit.

Qualitätsermöglicher: Die Finanzierung

In diesem Kapitel beschreiben wir, welche finanziellen und materiellen Ressourcen der Kindergarten benötigt, wie diese bereitgestellt werden und worauf der Kindergarten selber Einfluss nehmen kann. Wir zeigen typische, daraus resultierende Folgen auf und beschreiben, wie mit ihnen im Alltag umgegangen werden kann.

Die finanzielle Ausstattung einer Kita stellt die Grundbasis ihres Arbeitsvermögens dar. Darüber, wie viel Geld den Kindern in einem Kindergarten zusteht, herrscht in Deutschland keine einheitliche Meinung. Die Höhe der Kitaplatzfinanzierung ist in jedem Bundesland unterschiedlich geregelt und auch die Zusammensetzung der Mittel, sowie die Anzahl der Geldgeber weichen von Ort zu Ort voneinander ab. In manchen Kommunen wird die Finanzierung eines Kitaplatzes von fünf verschiedenen Geldgebern getragen, die zu unterschiedlichen Zeiten und in unterschiedlichen Rhythmen zahlen: Der Landkreis zahlt quartalsweise, während die Stadt — wie die Eltern — jeden Monat zahlt. Mit jedem einzelnen Finanzier muss die Kita jährlich die Höhe der Budgets aushandeln. In manchen Regionen müssen die Mittel minutiös abgerechnet werden, andernorts reicht ein allgemeiner Verwendungsnachweis. Die unterschiedlichen Arten und Höhen der Finanzierung sorgen für ebenfalls unterschiedliche Vorgehensweisen der Träger im Umgang mit ihren Kitas und bestimmen somit am Ende, wie viel Zeit für die Kinder übrig bleibt. Eine Leiterin, die jede Quittung sammeln und abrechnen muss, kann sich weniger um ihr Team kümmern. Eine leistungsbezogene Finanzierung gibt den Kitas und ihren Trägern mehr Gestaltungsmöglichkeiten und vor allem die Chance, sich auf den pädagogischen Alltag zu konzentrieren.

Für eine akzeptable Kitaqualität ist eine ausreichend hohe und über einen längeren Zeitraum verlässliche Finanzierung unabdingbar. Diese Forderung wird allerdings nicht in allen Bundesländern erfüllt. So kommt es dazu, dass Kitas nicht genug Mittel für die eigenverantwortliche Ausgestaltung ihres Alltags haben, mit Personalmangel leben müssen oder in unsanierten Häusern residieren. Außerdem ist die Frage ungeklärt, ob Eltern für einen Kitaplatz bezahlen sollten oder nicht. Manche Bundesländer und Kommunen stellen den dort lebenden Familien kostenfreie Kitaplätze zur Verfügung. Andere sorgen mit ihrer Betreuungspolitik eher für einen Kitaplatzmangel, der dann teure, von Eltern komplett finanzierte Kitas hervorbringt. Welcher dieser Wege gut oder schlecht ist, sei dahin gestellt. Sicher ist jedoch, dass dieses uneinheitliche Vorgehen verhindert, nationale Qualitätsstandards für die Kinderbetreuung zu erreichen.

Wie viel ist unsere Kita wert? Antworten von Eltern und Erziehern auf die Frage, was sie über die finanzielle Ausstattung von Kitas denken:

Vater
„Bei meiner ersten Begegnung mit dem Kindergarten hab ich gedacht: Wenn ich bei einer Firma mit einem Gebäude in diesem Zustand zum Bewerbungsgespräch eingeladen worden wäre, hätte ich stark an der Seriosität oder deren Solvenz gezweifelt – und abgesagt...“

Elternpaar
„Wir haben bei der Auswahl der Kita lange verglichen: Wer hat den besten Personalschlüssel, wer die beste Ausstattung? Es hat uns dann irritiert, als wir erfahren haben, dass bei uns jede Kita die gleiche finanzielle Zuwendung pro Kind bekommt – kann das überhaupt sein?“

Erzieherin
„Mir gefällt das „rottige“, etwas rumpelige am Haus eigentlich gut – die Kinder lieben das und die Eltern haben erst einmal geringe Erwartungen an unsere Arbeit, die wir dann locker übertrumpfen können!“

Erzieherin

„Leider setzen sich beim Sponsoring die Ideen der Eltern meist gegen unsere Wünsche durch. Also haben wir tolle Außenspielgeräte, die es aber auch auf jedem Spielplatz um die Ecke gibt, aber viel zu wenig Kreativmaterial...“

Team einer Privat-Kita

„Wir haben unsere Räume perfekt ausgestattet bekommen, mit richtig teuren Sachen. Der Nachteil: Veränderungen sind jetzt erst einmal nicht drin, auch wenn die Kinder andere Bedürfnisse haben.“

Über den Umgang mit Ressourcen

Immer ist im Kindergarten zu wenig von etwas da. Zu wenige Erwachsene, die sich um die Kinder kümmern, zu wenige Garderobenplätze, zu wenig Geld für Beschaffungen, zu wenig Spielzeug, zu wenig funktionierende Stifte oder funktionierende CD-Player... und zu wenig Gehalt für die Erzieherinnen sowieso. Für deutsche Kindergärten scheint es vielerorts typisch zu sein, dass sie mit knappen oder unzureichenden Ressourcen zu kämpfen haben. Man hat sich fast ein wenig daran gewöhnt, dass es so ist. Und so ist es allerorts Usus, dass Erzieherinnen Eltern gegenüber fast automatisch die Rolle des Bittstellers einnehmen: „Hätten Sie vielleicht...“, „Könnten Sie vielleicht den Kauf von ... unterstützen?“, „Haben Sie ein Sofa übrig?“, „Wäre es möglich, uns zu helfen, damit wir keine teuren Handwerker bestellen müssen?“ Diese Haltung prägt uns. Eltern finden im Kindergarten normal, was übertragen auf andere Lebensbereiche völlig irrwitzig erschiene: „Hätten alle Mitreisenden im ICE nach Nürnberg vielleicht noch Zeit, am Zielbahnhof den Zug zu putzen?“ oder „Wenn Sie für unsere neue Schiffsflotte ein altes Sofa spenden könnten, wäre das wunderbar!“ So etwas sagt keiner. Nur bei pädagogischen Einrichtungen, die unsere Kinder betreuen, gehört das scheinbar zum Standard.

Die Übertragung finanzieller Beschaffungen auf Eltern hat Folgen.

Pädagogische Resterampe

„Einem geschenkten Gaul schaut man nicht ins Maul!" – und das geschenkte Sofa darf man genauso wenig wie die gestiftete Plastik-Ritterburg mit kleinen Mängeln entsorgen. Viele Kitas arrangieren sich mit den wohlmeinenden Schenkungen von Eltern, weil das den Etat schont. Es geht zu Lasten der Kinder, die mit wenigen, aber hochwertigen Spielzeugen, stabileren Möbeln oder beidseitig weißem, festen Papier viel mehr tun können als mit einem Übermaß an „Eltern-Abfall". Wer weiß genau, welche chemischen Stoffe sich in der alten Ritterburg verbergen und ob das seit zehn Jahren abgelaufene Qualitätssiegel nicht eine erhöhte Unfallgefahr bedeutet? Bei der Ausstattung einer Kita muss es um die Bedürfnisse der Kinder gehen. Jede Kindergruppe stellt andere Anforderungen an Räume und Material. Jedes Bildungsprojekt nutzt andere Mittel. Um diese zu beschaffen, muss die Kita über ein Budget verfügen, dass sie selbstständig und eigenverantwortlich einsetzen kann. Nur damit kann sie die Qualität ihrer Alltagsarbeit bestimmen.

Erkaufte Mitwirkung

„Wer zahlt, bestimmt die Musik", sagt ein Sprichwort. Je mehr Kommunen sich darauf verlassen, dass Eltern die Lücken in der Finanzierung der Kitas schließen, desto mehr fühlen sich Eltern auch dazu berufen, anstelle von staatlichen Institutionen darüber mitzubestimmen, was davon finanziert wird: Zusätzliches Personal als Ausflugsbegleitung? Ein speziell eingerichteter Forscherraum? Musik-Zusatzkurse? In einfachen Fällen führt die Einbeziehung der Eltern als Finanziers zu Zusatzangeboten, die den Erziehern Zeit und Raum für sinnvollere Formen der pädagogischen Arbeit rauben – und endet in schwierigeren Fällen bei Privat-Kitas, deren konzeptuelle Arbeit fast völlig auf der Seite der hierfür nicht fachkundigen Elternschaft liegt. Die Einbeziehung von Eltern ist ein grundlegendes Qualitätsmerkmal. Jedoch geht es dabei nicht darum, Eltern die Finanzierung fachlicher notwendiger Strukturen zu überlassen. Die Zusammenarbeit von Kindergärten und Eltern sollte sich auf die Entwicklung des jeweiligen Kindes konzentrieren. Die finanzielle Grundbasis für die Arbeit des Kindergartens muss im Vorfeld geklärt und sicher sein.

Erkaufte Chancen

Je mehr eine Kita auf die Finanzierung durch wohlhabende Eltern angewiesen ist, desto stärker wird sich die Einrichtung an den Bedürfnissen dieser Eltern orientieren. So entstehen Premium-Kitas, deren Inhalte und Serviceangebote weit entfernt von den geforderten Bildungsstandards liegen, deren Eltern aber von der hohen Qualität ihrer Kita überzeugt sind. Der Abstand zu anderen Kitas, deren Elternschaft sich keine große Unterstützung leisten kann, wächst zunehmend. Das zementiert Ungerechtigkeiten im deutschen Bildungssystem, die von der OECD (Organisation für wirtschaftliche Zusammenarbeit und Entwicklung) als Ursachen der deutschen Bildungsmisere vielfach angemahnt wurde. Gleichzeitig entfernen wir uns weiter von gesamtgesellschaftlich akzeptierten Qualitätsstandards.

Im goldenen Käfig

Manchmal hat die Kommune plötzlich Geld und verteilt es reichlich – und das Ergebnis ist fast noch schauderhafter: Wenn für Kitas, häufig im Rahmen von Fördermittelanträgen, Mittel zur Verfügung stehen, bestellen Kitas und kommunale Träger gerne eine vorzeigbare Komplettausstattung, anstatt in die Qualifikation des Personals und der Eltern zu investieren. Dieser häufige Fehler bewirkt, dass die neuausgestattete Kita im ersten Moment mediale Aufmerksamkeit und einen Imagegewinn in der Elternschaft erzielt, aber in den Folgejahren an den vorschnellen Ausstattungsentscheidungen laboriert: Der Träger oder die Kommune macht keinen Hehl daraus, dass die Kita bitte nicht schon wieder die Hand aufhalten solle und für Umbauten erst in zehn Jahren wieder Mittel zur Verfügung stehen würden. Mit der sich als unpraktisch erweisenden Kletteranlage muss man sich eben arrangieren. Punktelle Finanzierungen können dauerhafte Qualität nicht garantieren.

Ernährungsprojekt powered by Burgerbrater?

Auch das vielbeschworene „Sponsoring", durch das man sich gerne eine großzügige Spende ohne Gegenleistung vom örtlichen Großunternehmen erwartet, erweist sich vielfach als Scheinlösung. Unternehmen verbinden natürlich meist wirtschaftliche Zwecke mit der Unterstützung von Kitas. Selten geht es dabei nur darum, beim Sportfest der Kita ein harmloses Banner aufhängen zu dürfen, viel öfter geht es um Kindermarketing, dessen Ziel es ist, Menschen schon im Kleinkindalter an Marken zu binden. Ein typisches Beispiel sind „Gratis-Materialpakete" mit Kreativ- und Pflegematerialen, darunter zum Beispiel Malblätter mit Firmenlogos zum Ausmalen. Mit dem Bildungsauftrag einer öffentlichen Institution ist das nicht vereinbar.

Was ist zu tun?

Die Finanzierung von Kindereinrichtungen sollte einheitlich geregelt werden. Da die Einrichtungen aus Steuergeldern bezahlt werden, sollte der Staat jährlich festlegen, wie viel Geld jedem einzelnen Kind für seinen Betreuungsplatz zusteht. Die Höhe dieser Summe sollte nicht geringer sein als das Geld, welches pro Kind später für die Schulausbildung oder die Universität ausgegeben wird. Die Kindergärten sollten ihr Geld von einer Stelle erhalten und selbstverantwortlich damit umgehen dürfen. Wofür die Mittel verwendet werden sollte nicht vom Kostenstellenplan des kommunalen Kämmerers abhängen. Einen Nachweis über die Verwendung der Mittel kann man sich sparen, wenn man in den staatlichen und kommunalen Organen Strukturen schafft, welche die Qualität der Kindergärten kontrollieren. Ob eine Kindereinrichtung finanziert wird oder nicht sollte davon abhängen, ob sie in der Lage ist die vorgegebenen Qualitätsstandards zu erreichen. Nun gut, von diesem in anderen Ländern seit Jahrzehnten eingeübten Finanzierungsmodell können wir in Deutschland derzeit nur träumen. Allerdings ist es unabdingbar an dieser Stelle die Forderung aufzustellen, dass finanzielle Mittel in den Kindereinrichtungen sinnvoll einzusetzen sind. Dazu ist es notwendig, die Arbeit in der Einrichtung zu evaluieren und darüber herauszufinden, an welcher Stelle in der nächsten Zeit mehr Geld benötigt wird und an welcher anderen Stelle man zukünftig mit weniger Geld auskommen kann. Diese Entscheidungen müssen die Einrichtungen selber treffen können.

Ein Beispiel: Die Kita Wurzelzwerge bekommt einen neuen Krippenbereich. Dieser Schritt wurde von der Kommune sehr lange geplant. Endlich wurden die Mittel bereitgestellt. Der Bau schreitet voran und kurz vor Fertigstellung werden Möbel und Spielzeuge bestellt. Die Mittel müssen ausgeschöpft werden und so bestellen die Mitarbeiter des Trägers aus den Katalogen der großen Kindergartenanbieter, was ihnen gefällt.

Dieser Weg ist üblich, enthält aber Tücken, die sich erst in der Zukunft zeigen. Da es um die Kinder und ihre Eltern geht, wäre es besser, mit dem endgültigen Ausgeben der Gelder ein wenig zu warten. Natürlich sollte eine Grundausstattung gekauft werden. Danach wäre es aber sinnvoller, wenn Erzieherinnen, Kinder und Eltern sich erst kennenlernen würden, um planen können, welche Raumeinrichtung zu den Kindern passt, welche Dinge genau diese Gruppe benötigt und welche Projekte in den nächsten Monaten durchgeführt werden sollen. Ist alles Geld schon in Möbel und Material investiert worden, haben Leitung und Teams kaum noch Möglichkeiten, den individuellen Bedürfnissen der Kinder durch Raumausstattung und Materialangebot gerecht zu werden.

Jeder Kindergarten sollte die Möglichkeit haben, nicht aufgebrauchte Mittel ansparen zu können, um für Notfälle gerüstet zu sein, Investitionen zu planen und besondere Projekte realisieren zu können. Wir plädieren also dafür, den Kindergärten die eigenverantwortliche Kontrolle über ihre finanziellen Mittel zu geben und nicht deren Verwendung, sondern die Ergebnisse, also die pädagogische Qualität, zu kontrollieren. Wenn sich die Anforderung an den Kindergartenalltag ändert, muss der Kindergarten darauf reagieren können. Dies funktioniert nur, wenn er selber über seine Finanzen entscheiden kann.

Zum Schluss noch eins: Viel zu oft wird beim Thema Geld und Ressourcen nur an Ausstattung, Gehälter und Miete gedacht. Diese Kategorien sind wichtig – aber bei weitem nicht alles. Wie jedes Unternehmen benötigt auch der Kindergarten Geld für Fortbildungen und Leistungsförderung der Mitarbeiter, für Sozialleistungen und die Planung langfristiger Entwicklungen.

Qualitätsumsetzer: Die Mitarbeiter

In diesem Kapitel gehen wir auf die Besonderheiten des Arbeitens und Führens im sozialen Bereich ein. Der hier vorherrschende Führungs- und Arbeitsstil ist von Fürsorge und Aufopferung geprägt. Was gut gemeint ist, schlägt aber oft ins Gegenteil um und verhindert qualitätsbewusstes Arbeiten.

Es ist eine simple Erkenntnis und doch so entscheidend: Die Erzieherinnern sind das wichtigste Element eines Kindergartens. Sie sind entscheidend, wenn es um die pädagogische Qualität, die Sauberkeit, die Sicherheit, die Elternkommunikation und vieles mehr geht. Kurz: Gute Qualität in Kindergärten erreicht man durch engagiertes Fachpersonal, welches entsprechend seiner individuellen Fähigkeiten im Arbeitsalltag gefordert wird, getreu dem Grundsatz: Geht es den Erzieherinnen gut, dann geht es auch den Kindern und deren Eltern gut.

Da das Team so entscheidend für die Qualität des Kindergartens ist, ergeben sich daraus drei wichtige Fragen:
1. Wie gewinne ich qualifiziertes Personal für Kindergärten?
2. Woran erkenne ich gute Teamarbeit?
3. Wie funktionieren Teams und lässt sich deren Arbeit positiv beeinflussen?

Gute Erzieher: Woher nehmen und nicht stehlen?

Kindergärten benötigen qualifiziertes Fachpersonal. Voraussetzung hierfür ist eine moderne Ausbildung, die die Möglichkeit bietet, pädagogische Theorien in der Praxis auszuprobieren und die gesammelten Erfahrungen zu reflektieren. Gleichzeitig muss der Beruf und das Ansehen der Erzieherinnen eine Aufwertung erfahren – und eben auch entsprechend der Anforderungen bezahlt werden. Mit anderen Worten: Junge Menschen müssen sich gerne für den Beruf des Erziehers entscheiden und qualifiziert auf die Arbeit vorbereitet werden. Die einzelnen Kitas können allerdings weder die Inhalte und Methoden der Ausbildung noch die finanziellen Rahmenbedingungen oder die gesellschaftliche Wertschätzung der Berufe in der frühkindlichen Bildung direkt beeinflussen.

Was sie jedoch können, ist eine positive und professionelle Arbeitsumgebung zu schaffen, die es Erziehern erleichtert, langfristig engagiert zu arbeiten: Regelmäßige Weiterbildungen, ein systematischer Tagesablauf, Sicherstellung einer effizienten Krankenvertretung, eingeplante Vor- und Nachbereitungszeiten und strukturierte Formen der Elternkommunikation sind einige wichtige Stichworte. Während einzelne dieser Punkte auch in den anderen Kapiteln behandelt werden, konzentrieren wir uns an dieser Stelle auf Interaktionen und Arbeitsweisen von Teams in der frühkindlichen Bildung. Welche formellen und informellen Routinen haben sich in diesem Feld entwickelt, um die Qualität der Arbeit sicherzustellen? Wie reagieren diese Routinen auf sich verändernde Anforderungen? Schließlich wissen wir, dass Qualität kein fester Zustand ist, sondern sich mit den Bedürfnissen der Gesellschaft verändert.

Das emotional geprägte Arbeitsumfeld von Erziehern

Kindergärten verbreiten ein besonderes Flair. Das mag vor allem an ihrem altruistischen Ursprung liegen. Sich um andere zu kümmern, für sie da zu sein und alles dafür zu tun, dass es Kindern und Eltern gut geht, bestimmt den Habitus der Einrichtungen. Dieser Ursprung hat einen charakteristischen Arbeitsstil erzeugt, der in seiner Bedeutung für die Mitarbeiter bisher noch völlig verkannt wird. In Anlehnung an eine spannende Vergleichsarbeit von Hard und Jónsdóttir (2013) lassen sich folgende Dimensionen des emotional geprägten Arbeitsstils beschreiben.

Quelle: nach „Leadership is not a dirty word: Exploring and embracing leadership in ECEC", Hard und Jónsdóttir, 2013, eigene Darstellung

Emotionale Verbundenheit: Wer gehört dazu, wer nicht?

Die Basis der täglichen Arbeit in Erzieherteams wird von diesen als liebevoll, freundlich und offen beschrieben – Arbeit unter Freunden. Dies führt auf der einen Seite zu einer hohen Verbundenheit zum Team, auf der anderen Seite werden übliche Handlungs- und Führungselemente einer professionellen Zusammenarbeit erschwert. Die emotionale Verbundenheit am Arbeitsplatz fordert ein hohes Maß an Anpassung und Konformität von allen Mitarbeitern.

Der Teamzusammenhalt ist damit ein Hauptgrund für die Zufriedenheit von Mitarbeitern. Funktioniert dieser, geht man gemeinsam durch Dick und Dünn – gibt es allerdings Schwierigkeiten oder sind einzelne Mitarbeiter nicht wirklich im Team integriert, werden sie sehr schnell unglücklich und verlieren die Lust an ihrer Arbeit. Daneben gibt es natürlich noch weitere Punkte, die die Zufriedenheit von Mitarbeitern beeinflussen: Die Tätigkeit an sich, die Bezahlung, die materiellen Bedingungen in der Einrichtungen etc. Wenn das Teamgefüge allerdings gestört ist, werden auch die beste Bezahlung, die schönste Ausstattung und die umfangreichsten Sozialleistungen dies für keine Erzieherin ausgleichen.

Zudem nutzen Leitungen häufig grundlegende Elemente der Alltagssteuerung – wie den Dienstplan – als Mittel, um Zugehörigkeit zu gewähren oder zu entziehen. So kann es passieren, dass diejenige Erzieherin, die gerade im Team nicht so gut da steht, dauerhaft zum Spätdienst eingesetzt wird. Dies macht deutlich, dass die Stellung im Team einer der wichtigsten Punkte für das Wohlbefinden von Erzieherinnen ist. Gute Kindergartenleitungen wissen dies, bekämpfen informelle Strukturen und sorgen für Gerechtigkeit in der Teamkultur.

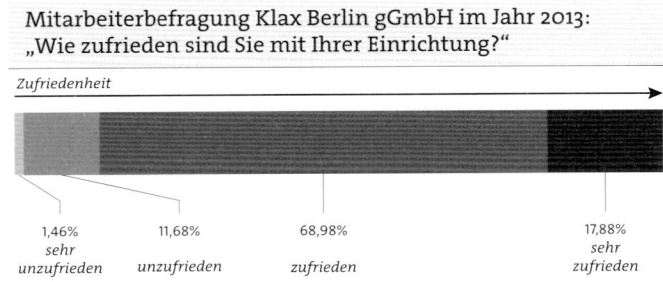

**Mitarbeiterbefragung Klax Berlin gGmbH im Jahr 2013:
„Wie zufrieden sind Sie mit Ihrer Einrichtung?"**

Zufriedenheit

| 1,46%
sehr
unzufrieden | 11,68%

unzufrieden | 68,98%

zufrieden | 17,88%
sehr
zufrieden |

Quelle: Mitarbeiterbefragung der Klax Berlin gGmbH, 2013

Bei der Befragung der Mitarbeiter der Klax Berlin gGmbH hatten diese die Möglichkeit, in fünf Kommentarfelder in Reihenfolge die wichtigsten Gründe für ihre Zufriedenheit bzw. ihre Unzufriedenheit einzutragen. Der Punkt „Team" wurde dabei mit deutlichem Abstand als erster und damit wichtigster Grund genannt. Zusätzlich hatten alle Mitarbeiter die Möglichkeit, in einem freien Textfeld zu erklären, was besonders gut an der Arbeit in ihrer Einrichtung ist, bzw. was sie stört. Die Mitarbeiter, die angegeben haben zufrieden oder sehr zufrieden zu sein (134 insgesamt), geben im Kommentarfeld als Hauptgrund dafür 129-mal die Arbeit in ihrem Team und mit ihren Kollegen an. Die Mitarbeiter, die angegeben hatten unzufrieden oder sehr unzufrieden zu sein (16 insgesamt), geben im Kommentarfeld 14-mal als Hauptgrund dafür die Arbeit und Kommunikation im Team an.

Es ist auf den ersten Blick toll in einem Team zu arbeiten, dass durch Freundschaft und starken Zusammenhalt geprägt ist. Funktionieren werden diese Teams aber meist nur kurzzeitig, da professionelle Routinen und verlässliche Absprachen eine prozessorientierte Arbeitskultur benötigen und nicht personenabhängig sein dürfen. Risikoreich kann eine Vermischung aus Privat- und Berufsleben werden, wenn für die Einrichtungsleitung schwierige Themen zu vertreten oder Entscheidungen zu treffen sind. Oft wird das emotionale Umfeld auch auf die Eltern oder zumindest Teile der Elternschaft übertragen. Man duzt sich und ist auch über die normalen Arbeitszeiten hinaus füreinander erreichbar. Eine starke Leitung sorgt deshalb für eine gute Teamkultur, die auf Fachlichkeit der Mitarbeiter aufbaut und nicht auf ihrer persönlichen Bindung.

Bedürfnis des Kümmerns: Wie sage ich auch mal „Nein"?

Das Arbeiten im Bereich der frühkindlichen Bildung ist den meisten Erzieherinnen ein persönliches Anliegen und mehr als ein Beruf. Sie kümmern sich gerne um die ihnen anvertrauten Kinder und setzen sich mit vollem Einsatz für einen funktionierenden Alltag ein. Dabei schaffen Sie es, in ihrem Haus mit kleinen Budgets und geringem Personalschlüssel spannende und vielseitige pädagogische Angebote für die Kinder zu organisieren. Oft bleiben Erzieherinnen über ihre vertragliche Arbeitszeit hinaus in den Einrichtungen, organisieren bei Materialmangel Spenden von umliegenden Geschäften oder finden helfende Hände, wenn etwas repariert werden muss. In vielen Fällen sind es die Erzieherinnen, die es schaffen Einrichtungen zu erhalten, die ohne ihr Engagement schon lange hätten aufgeben müssen.

Dieser Habitus des Kümmerns hat verschiedene Auswirkungen: Zunächst müssen alle Mitarbeiter daran teilnehmen. Das Team ist darauf angewiesen, dass sich alle Erzieherinnen engagieren. Würde sich ein Mitarbeiter daran nicht beteiligen und kein Engagement zeigen, würde er aus dem Team ausgestoßen. Anspruch des Habitus des

Kümmerns ist es dabei nicht unbedingt, die beste Lösung zu erreichen oder den effizientesten Weg zur Lösung zu finden. Vielmehr geht es darum, dass alle Teammitglieder im Rahmen ihrer persönlichen Ziele und Möglichkeiten beteiligt werden. Dies kann entweder durch die Übernahme einer bestimmten Aufgabe, oder zumindest durch das Dabeisein erfolgen: „Sie hat sich bemüht und sich so viel Mühe gegeben". Persönliche Problemlagen und Hinderungsgründe werden dabei immer berücksichtigt, was leicht dazu führen kann, dass die eigentliche Zielstellung in den Hintergrund gerät.

> Für das Sommerfest der Kita Rapunzel fehlt Personal. Eigentlich waren genug Erzieherinnen eingeplant, allerdings konnten Luise und Marie nicht bei ihrer Zusage bleiben. Bei der einen wird die Waschmaschine repariert, die andere konnte ihrem Mann einfach nicht sagen, dass sie am Sonnabend zur Arbeit gehen muss anstatt mit ihm ins Theater. Frau Schmidt, die Leitung der Kita Rapunzel, hat beide vom Sommerfest befreit. Frau Schmidt hat keine Idee, wie sie den Personalausfall ersetzen kann, findet aber auch nicht die Kraft, die beiden zur Mitwirkung am Sommerfest aufzufordern, weil sie großes Verständnis für deren Situation hat. Letztlich übernimmt Frau Schmidt die Aufgaben der beiden selber. Während der Veranstaltung berichtet sie allen Besuchern von ihrem Einsatz und ihrer daraus resultierenden Erschöpfung.

Wo liegt aber die Grenze dieses Engagements? Wo wird aus einem zusätzlichen Kümmern ein Aufopfern? Viele Erzieherinnen berichten über ihre Erschöpfung durch lange und arbeitsreiche Tage. Das Gefühl und die Äußerung dieser Erschöpfung und die daraus entstehende Anerkennung, bilden die Motivation für den weiteren Einsatz. Wenn Erzieherinnen auch außerhalb der Arbeitszeiten zum Beispiel für Eltern kranker Kinder erreichbar sind, ist dies natürlich auf der einen Seite ein hilfreicher Einsatz – auf der anderen Seite werden die Grenzen von Privatleben und Beruf aber immer durchlässiger und die Gefahr der tatsächlichen Erschöpfung immer größer.

Top Job Analyse der Klax Berlin gGmbH 2014

Bedeutung	Ausprägung		
sehr wichtig	**Herausforderung**	**Chance**	**Stärke**
	Commitment	Vertrauen	Ergebnisorientierte Führung
	Erschöpfung		Organisationale Energie
	Mitarbeiteridentifikation		Vision im Unternehmen
wichtig	Familienfreundlichkeit	Zufriedenheit	Altersdiskriminierendes Verhalten
	Internes Unternehmertum		Aufstiegschancen
			Kommunikation
			Training
			Zusammenarbeit der Mitarbeiter

Quelle: Top Job Analyse der Klax Berlin gGmbH, 2014, eigene Darstellung.

Im Rahmen der in der Klax Berlin gGmbH extern durchgeführten Mitarbeiterbefragung Top Job 2014 wurde untersucht, welche Hauptstärken und Herausforderungen zu bearbeiten sind. Ein Hauptfokus, der in der Wahrnehmung der Mitarbeiter besonders wichtig ist und eine Herausforderung für das Unternehmen darstellt, ist das Gefühl der „Erschöpfung" der Mitarbeiter. Wie man in der Grafik sieht, ist es den Mitarbeitern genauso wichtig, wie ihre Identifikation mit dem Unternehmen.

Informelle Strukturen und Druck im Team

Hard und Jónsdóttir beschreiben spezielle Mechanismen in Teams sozialer Berufe, mit denen die Meinung der Gruppe in einem bestimmten Sinne beeinflusst wird. Neben den offiziellen Hierarchien und Vorgaben existieren informelle Strukturen, welche die offiziellen Regelungen unterlaufen. Von allen Mitgliedern der Gruppe wird erwartet, dass sie diese informellen Regeln leben und für ihre Durchsetzung sorgen. Über die Vergabe bzw. den Entzug von Zugehörigkeit zum Team wird gewünschtes Verhalten belohnt bzw. konträres Verhalten bestraft. Im Grunde lassen sich solche Vorgänge in allen Gruppen finden. Im Kindergarten kann das zum Beispiel so aussehen:

> In Simones neuem Team ist es üblich, noch nach dem Ende der Arbeitszeit länger zu bleiben, damit Tätigkeiten, die nicht erledigt werden konnten, gemeinsam im Team abgeschlossen werden (Küche putzen, Aufräumen etc.). Simone spürt die Erwartung des Teams, dass auch Sie länger bleibt als es im Dienstplan steht, da sie sonst nicht alles mitbekommt, ihr Informationen aus den kleinen Absprachen beim Aufräumen fehlen und sie das Gefühl hat, dass man sie andernfalls im Team komisch anschauen würde. Obwohl sie nach dem langen Tag eigentlich müde ist und auch privat noch einiges zu erledigen hat, bleibt sie also länger und hilft ihrem Team. In ihrer ehemaligen Kita war es ganz anders: Da hatten Sie immer eine Kollegin, die oft bis spät abends arbeitete oder ihre pädagogischen Angebote sogar am Wochenende vorbereitet hat. Die Kollegin war zwar nett und die Angebote auch meistens ganz toll, aber irgendwie konnte keiner im Team so richtig mit ihr zusammenarbeiten. Ihre Angebote waren im Grunde keine Hilfen für das Team – vor allem, weil die Elternvertretung diese Erzieherin immer hervorhob und die Arbeit der anderen Teammitglieder gar nicht gesehen wurde. Simone fand es richtig, dass diese Kollegin zu Teamfeiern schon gar nicht mehr eingeladen wurde.

Ein Team erwartet, dass man die vorhandenen Regeln annimmt und einhält. Dafür erfährt man Zusammenhalt und Unterstützung – man wird Teil der Gruppe. Neben oft klar festgelegten Regeln bestehen in Teams immer auch informelle Absprachen, die gelten, ohne dass sie wirklich beschlossen wurden. Der Wunsch nach Gemeinsamkeit innerhalb der Gruppe führt bis zu einem gewissen Grad zur Aufnahme und Ausgleichung individueller Unterschiede. Sticht jedoch einer zu sehr aus der Gruppe heraus, egal ob positiv oder negativ, wird die Gruppe ihn zur eigenen Stabilisierung ausschließen.

Wie kann Führung und Leitung unter diesen Umständen funktionieren? Klassische Anweisungen stellen die Leitung aus der Gruppe des Teams heraus. Für gestandene Leitungen ist dies oft kein Problem – gerade jungen und neuen Leitungen fällt es aber oft schwer. Ganz besonders herausfordernd ist es daher, eine Leitungsposition in dem Team einzunehmen, indem man vorher schon als Erzieherin gearbeitet hat. Auch der Wunsch Akademiker in die Einrichtungen zu holen, scheitert oft an genau diesen Routinen. Von den Hochschulen kommend und an den Leitungspositionen interessiert, kommen oft sehr junge Absolventen in Teams von erfahrenen Erzieherinnen und können gegen die informellen Strukturen praktisch nichts ausrichten, versuchen teilweise durch Zuneigung das Team zu motivieren oder scheitern an der Durchsetzung schwieriger Themen. Zusätzlich fehlt den Hochschulabsolventen ein wichtiges Merkmal der Gruppe: Sie sind keine Erzieherinnen.

Da die „Währung" im Team die Zugehörigkeit und Verbundenheit ist, kann der Ausschluss aus der Gruppe oder die Angst davor einzelne Mitarbeiter dazu bringen, weit über die eigenen Grenzen zu gehen, um sich anzupassen. Im Beispiel mit Simone ist der Grund dafür erst einmal nachvollziehbar, ja sogar sinnvoll: Gemeinsam werden alle Aufgaben erledigt und der Kindergarten als schöner Spiel- und Lernort für die Kinder profitiert davon. Passiert etwas außergewöhnliches, kann von allen erwartet werden, in diesem Fall mehr mit anzupacken. Kommt es allerdings regelmäßig dazu, sollte überlegt werden, wie denn die Arbeit in der normalen Zeit besser und effizienter gestaltet werden kann, damit alle auch pünktlich gehen können. Oft liegt die Ursache für die Ausdehnung der Arbeitszeit im emotionalen Arbeitsstil. Geht man der Sache nach, würde man wahrscheinlich feststellen, dass die Mehrarbeit dadurch erzeugt wird, dass einige Mitarbeiter im Alltag ihre Arbeitspflichten nicht vollständig erfüllen. Gerade diese Mitarbeiter stehen oftmals der Leitung sehr nahe, weshalb es der Leitung unmöglich ist, diese zur Erfüllung ihrer Arbeitsaufgaben zu verpflichten. Das bedeutet, dass die Leitung im Prinzip ihrer Führungsrolle nicht mehr gerecht werden kann und informelle Leitungsstrukturen die Geschicke der Kita bestimmen. Ein solcher Prozess kann sich leicht verselbstständigen und am Ende Teamkonflikte erzeugen, die professionelle Qualitätsarbeit vollständig unmöglich machen.

Die gleichen Mechanismen führen dazu, dass Mitarbeiter, die besonderen Einfluss auf das Team haben, die Geschicke einzelner Mitarbeiter bestimmen, was im Extremfall zu Mobbing führen kann.

Verschweigen von Auseinandersetzungen

Schwierige oder kontroverse Themen, insbesondere wenn sie sich auf das Team beziehen, werden nicht vor allen angesprochen, Auseinandersetzungen nicht offen geführt. Oft erfahren Einrichtungsleitungen durch einzelne Mitarbeiterinnen von Beschwerden und Unstimmigkeiten im Team und erleben dann, wenn diese Themen offen auf einer Dienstberatung angesprochen werden, dass keiner mehr das Problem sieht und auch niemand etwas dazu sagen möchte. Offene Diskussionen im Team können deshalb so schwer geführt werden, da professionelle Kritik am Verhalten einzelner oft mit emotionaler Zurückweisung gleichgesetzt wird. Tatsächliches und scheinbares Fehlverhalten wird stillschweigend innerhalb der Gruppe – oft durch langjährige und fest im Team verankerte Mitarbeiter – gerügt, ohne dass die Leitung im ersten Moment davon etwas mitbekommt.

Es ist für Leitungen oft schwer, kontroverse Themen – egal ob sie aus dem Team kommen oder durch den Träger in das Team eingebracht werden – vor der Gruppe anzusprechen und dazu Stellung zu beziehen. Positionen gegen das Team durchzusetzen, erfordert Ausdauer und ein „dickes Fell", insbesondere in einem Umfeld, dass durch Nähe und Zugehörigkeit gekennzeichnet ist. Daher berichten Leitungen oft davon, dass sie versuchen, angeforderte Veränderungen aus Angst vor ihrem Team auszusitzen oder diese Veränderungen indirekt – sozusagen durch die Hintertür – einzuführen. Ohne eine sinnvolle Unterstützung kann dies sogar dazu führen, dass Team und Leitung vor Trägervertretern oder anderen Externen ein anderes, ein gefordertes Bild präsentieren, anstatt Entwicklungen tatsächlich umzusetzen. Es wird gezeigt, was erwartet wird und das Team hält zusammen.

Warum etwas ändern, was gut funktioniert?

Die beschriebenen Punkte „emotionale Verbundenheit", „Habitus des Kümmerns", „informeller Druck" und „Verschweigen von Auseinandersetzung" lassen sich natürlich nicht nur in Kindergärten finden, sondern in vielen Einrichtungen im sozialen Bereich und darüber hinaus. Wir möchten auch ganz explizit darauf hinweisen, dass diese Punkte nicht generell als negativ zu verstehen sind, sondern als Versuch der Beschreibung von Arbeitsroutinen im Bereich der frühkindlichen Bildung. Sie beschreiben Funktionsweisen, die offensichtlich sehr erfolgreich sind, denn immerhin haben sie sich über Jahrzehnte bewährt.

Die Fürsorge für andere Menschen bringt ganz bestimmte Personen zusammen, die in ihrer Tätigkeit mehr als einen Beruf sehen und ihr Leben in diesem Bereich verbringen möchten. Es ist das Engagement dieser Erzieherinnen, die das System über Jahre stabilisiert und aufrecht gehalten hat. Das System, gekennzeichnet von chronischer Unterfinanzierung, das ohne den persönlichen Einsatz der Akteure deutlich weniger für die ihm anvertrauten Kinder erreicht hätte. Es sind die Menschen, die in den Einrichtungen arbeiten, die durch ihr Engagement und ihren persönlichen Einsatz eine Orientierungs- und Beziehungsqualität aufbauen, die die Mängel in der Strukturqualität von Kindergärten ausgleichen konnten und immer noch können.

Das gesellschaftliche Verhältnis zu Krippen und Kindergärten verändert sich. Die „Entdeckung" der frühkindlichen Bildung im Zuge des „PISA-Schocks" und die Formulierung von Bildungszielen an Kindergärten und Krippen erhöht die Erwartungen an die Kompetenzen und die Ausbildung der Mitarbeiter. Die Diskussionen zur Akademisierung des Erzieherberufs und der damit verbundenen Erhöhung der Eingangsvoraussetzungen sind Beispiele dafür. Die dahinter liegende Frage lautet: Was erwarten wir von den Menschen, denen wir die Bildung der jüngsten Mitglieder unserer Gesellschaft anvertrauen?

Mit den neuen Ansprüchen an die erste Lebensphase entstehen auch neue Erwartungen an die Professionalität von Erzieherinnen. Eltern erwarten eine umfassende Beratung durch ihre Bezugserzieherin: Krankheitsbilder, Impfungen, die richtigen Spiel- und Anziehsachen und die vielen Fragen, wie in welchen Situationen richtig reagiert werden sollte. In den Erwartungsäußerungen der Eltern wird somit zunehmend ein Dienstleistungsanspruch deutlich, auf den der Kindergarten gar nicht eingestellt ist. Der Kindergarten setzt auf Vertrauen und emotionales Verständnis, während immer mehr Eltern professionelle Distanz und eine klassische Dienstleistung erwarten, für die gezahlt wird und die ohne großes „Tamtam" abgeleistet wird. Eltern möchten nicht in Teamkonflikte eingebunden oder mit den täglichen Unwägbarkeiten konfrontiert werden.

Kindergarten und Elternhaus müssen Wege zu einer professionellen Bildungspartnerschaft finden. Fürsorge als Hauptmotiv der Mitarbeiter wird nicht ausreichen, um die vielfältigen Bedürfnisse, die sich an den Kindergarten richten, zu erfüllen. Die Qualitätsansprüche an den Kindergarten und die Erzieherinnen werden weiter steigen.

Tipps und Tricks für authentische Professionalität im Kindergarten

Reflexion üben

Es ist bereits eine große Hilfe, wenn man Dingen und Gefühlen einen Namen geben kann. Viele Erzieher, mit denen wir über den familiär-emotionalen Führungsstil gesprochen haben, erzählen uns Geschichten aus ihrem Alltag, in denen sie die eine oder andere Beschreibung wiedererkennen. Es hilft Ihnen über ihre Erfahrungen und Eindrücke zu sprechen, zu reflektieren und dadurch auch bisher unentdeckte Muster in ihrem ganz persönlichen Verhalten zu erkennen. Es ist sehr wichtig zu verstehen, dass die eigenen Verhaltensweisen dabei nicht generell falsch oder richtig, sondern einfach erst einmal sind, wie sie sind. Der erste Schritt ist getan, wenn man sich Chancen und Risiken bestimmter Routinen bewusst macht. Die gemeinsame Reflexion im Team, zum Beispiel unter zur Hilfenahme der SWOT-Methode, öffnet die Möglichkeit die Gruppenstrukturen zur hinterfragen und Arbeitsabläufe zu verbessern.

Beispiel: Reflexion mit der SWOT-Methode

	Stärken (Strengths)	Schwächen (Weaknesses)
Chancen (Opportunities)	Unser starker Zusammenhalt macht leichte und flexible Absprachen möglich. Jeder möchte gern dem anderen helfen.	Mehr Sicherheit durch die Einhaltung vereinbarter Regeln.
Gefahren (Threads)	Wir nehmen anderen eine Lernchance, wenn wir Aufgaben immer für sie erledigen.	Wir schaffen es nicht, neue Mitarbeiter in unser Team zu integrieren.

Quelle: SWOT-Methode, eigene Darstellung

Die SWOT Methode (Strengths = Stärken, Weaknesses = Schwächen, Opportunities = Chancen, Threads = Gefahren) ist eines der wichtigsten Analyseinstrumente um Sachverhalte auf ihre strategischen Auswirkungen zu untersuchen. Letztlich ist die SWOT-Methode eine Stärken- und Schwächenanalyse und dient der Ableitung und Priorisierung von Maßnahmen. Zum Vorgehen:

1. *Die eigene Einrichtung:Zunächst untersuchen Sie, am besten im Team, die Stärken und Schwächen ihrer Einrichtung. Sammeln Sie die Ideen aller Teammitglieder, gruppieren sie diese zu Hauptthemen und tragen sie die Stärken und Schwächen in die entsprechenden Felder ein.*

2. *Das Umfeld der Einrichtung:Überlegen Sie, welche Chancen und Gefahren sich aus ihrem Umfeld ergeben: Welche Angebote brauchen ihre Eltern? Gibt es etwas, was in Zukunft zu Problemen führen könnte? Tragen Sie diese Ergebnisse ebenfalls in die entsprechenden Felder entweder als Chance oder als Gefahr ein.*

3. *Maßnahmen ableiten: Abschließend leiten sie Maßnahmen ab, die darauf zielen, mögliche Gefahren zu minimieren und gleichzeitig die Chancen, die in ihren Stärken liegen zu nutzen.*

Vom Gelingen überzeugt sein

Es ist wichtig Zuversicht auszustrahlen. Natürlich gibt es Personalengpässe, Krankenquoten und Urlaubszeiten. Dennoch ist es wichtig, allen Beteiligten zu zeigen, welche Strategien und Lösungen vorhanden sind, um mit diesen Situationen umzugehen. In angespannten Personalsituationen zum Beispiel kann es auch aus Sicht der Eltern keine dauerhafte Lösung sein, dass einige Mitarbeiter immer länger arbeiten. Diese werden dann schneller krank oder bauen so viele Überstunden auf, dass diese auch wieder lange abgebaut werden müssen. Klare Strukturen und vorab vereinbarte Regelungen helfen, eine verlässliche pädagogische Qualität auch unter schwierigen Bedingungen aufrecht zu halten.

Kinder begleiten lernen

Wir wissen, dass es nicht richtig ist, Aufgaben und Herausforderungen für Kinder zu lösen. „Hilf mir, es selbst zu tun!", ist der berühmte Satz der Montessori-Pädagogik und den meisten Menschen – und Erzieherinnen sowieso – vertraut. Leider bleibt es häufig bei der wohlklingenden Formulierung, die meist nicht im pädagogischen Alltag umgesetzt wird. Dabei sagt der Satz doch klar aus, dass die Handlungsmacht beim Gegenüber, also dem Kind als Lernenden bleibt. Die Aufforderung, dem anderen die Handlung zuzutrauen und die eigene

Intervention auf wirklich notwendige Unterstützung zu reduzieren, ließe sich auf die Kollegen und die Eltern ausweiten. Das, was uns allen so gut in den Ohren klingt, macht auf eines der größten Probleme in Betreuungseinrichtungen aufmerksam: Wie soll eine Pädagogin, die darauf angewiesen ist, dass sie durch umfassendes Kümmern und liebevolle Aufopferung Anerkennung bekommt, die Handlungsmacht abgeben? Es ist quasi unmöglich, wenn derjenige, der etwas „selber tun soll", kontrolliert werden muss, damit die Aktivität der Pädagogen sichtbar bleibt und die Qualität des Arbeitsergebnisses sichergestellt wird. Der Gedanke, sich selbst zurückzunehmen, um andere zu Akteuren ihres Lernens werden zu lassen, widerspricht der Realität, die eigene Tätigkeit durch Aktivität und Aufopferung sichtbar zu machen.

So verdeutlicht der einhundert Jahre alte und von jedem Pädagogen auf den Lippen getragene Satz, einen zentralen Konflikt in pädagogischen Settings. Jeder Mensch hat Stärken und Schwächen – jeder Erzieher bringt diese mit in sein Team ein. Es ist wichtig, diese zu kennen, zu akzeptieren und für die Gruppe insgesamt zu nutzen. Jeder möchte seine Stärken einbringen können und gleichzeitig die Gelegenheit haben, an Schwächen mit der notwendigen Zeit zu arbeiten. Eine gute Gelegenheit, um gemeinsam mit Mitarbeitern entsprechende Ziele zu entwickeln, sind regelmäßige Mitarbeiter-Vorgesetzen-Gespräche.

Mitarbeiter-Vorgesetzten-Gespräch (MAVG): Prozessbeschreibung

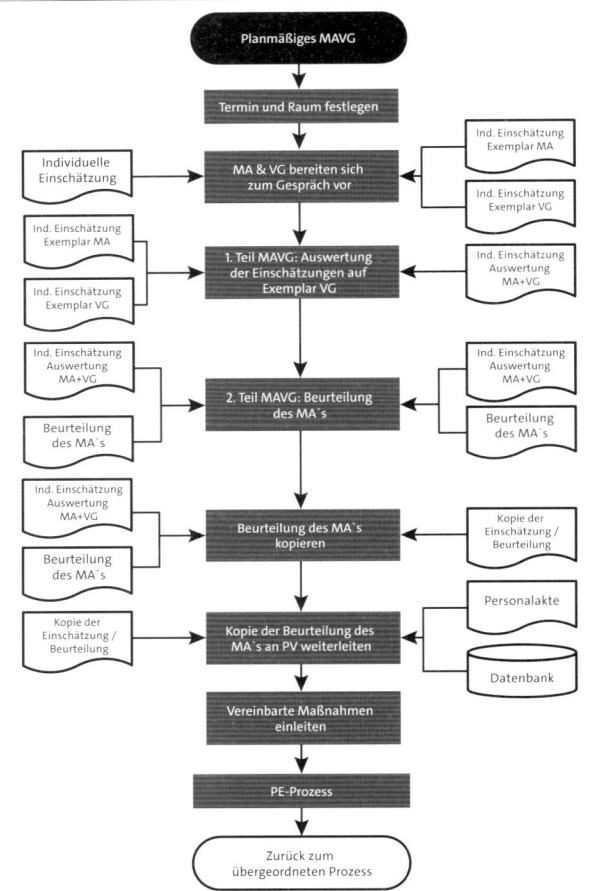

Quelle: Qualitätsmanagementsystem der Klax Gruppe, eigene Darstellung
MA: Mitarbeiter, VG: Vorgesetzter, MAVG: Mitarbeiter-Vorgesetzten-Gespräch,
PV: Personalverwaltung, PE: Personalentwicklung

Das Mitarbeiter-Vorgesetzten-Gespräch ist ein Entwicklungsgespräch.
Darin geht es hauptsächlich darum, den Leistungsstand des Mitarbeiters
einzuschätzen und neue Herausforderungen für den Mitarbeiter zu planen.

Professionalität entwickeln

Kleidung und Auftreten etc. sind Ausdruck und wichtiger Bestandteil der Qualität der Arbeit im Kindergarten. Abgesehen davon, dass bestimmte Kleidungsstücke und Accessoires den Sicherheitsanforderungen des Kindergartens widersprechen (zu lange Fingernägel, offene Sandalen, große Ohrringe), spiegelt das eigene Auftreten auch den Anspruch an die eigene Professionalität wider. Gerade im Zuge der weiteren Wandlung der Anforderungen an den Kindergarten, kommt der Professionalität der Mitarbeiter als Experten der frühkindlichen Bildung eine enorm hohe Bedeutung zu. Zur Professionalität gehören auch Empathie und emotionale Distanz. Gerade in den Berufen, in denen die Arbeit mit Menschen im Mittelpunkt steht, sind diese Eigenschaften von besonderer Bedeutung. Die Verarbeitung von Erlebnissen aus dem pädagogischen Alltag und die Fähigkeit, sich immer wieder aufs Neue den Eltern und dem Team zu stellen und dabei die eigenen Unzulänglichkeiten zurückzunehmen, stellen sich nicht von selbst ein. Wir sind der Meinung, dass Erzieherinnen regelmäßige Reflektionsmöglichkeiten benötigen: Supervision, Teamtrainings und persönliche Coachings sind unabdingbare Routinen am Rande des Kita-Alltags. Warum finden sich in den Haushaltsplänen der meisten Einrichtungen keine Budgets dafür?

Persönlichkeit zeigen

Ein weiterer Ausdruck vorhandener bzw. fehlender Distanz stellt das Duzen bzw. Siezen zwischen Mitarbeitern und Eltern dar. Es scheint so, als hätten die Menschen, die in Kindereinrichtungen tätig sind, nicht mal einen Nachnamen. Ein voller Name gehört genauso zu einer Persönlichkeit, wie deren Auftreten, Know-how und charakterliche Besonderheiten. Trotzdem werden in vielen Kindergärten alle Erzieherinnen von den Eltern mit dem Vornamen angesprochen und geduzt. Sicherlich sind die Erzählungen der Kinder zu Hause ein Grund dafür: „Heute habe ich mit Thomas...". In der Einrichtung muss der Nachname daher deutlich präsenter gemacht werden. Thomas ist „Herr Ostermann" – zum Beispiel auf Namensschildern oder dem Mitarbeiteraushang im Eingangsbereich. Im Zuge der ersten Elternabende sollte zusätzlich explizit ausgesprochen werden, dass die Nutzung des Nachnamens erwünscht ist. Abschließend sollte sich jeder kurz selber die Frage stellen, warum im Kindergarten oft so selbstverständlich geduzt wird, während dies in der Grundschule gar nicht zur Debatte steht.

Distanz wahren

Wir haben bereits darüber gesprochen, dass die Fürsorge und das Kümmern wichtige Bestandteile der Identität von Teams in Kindergärten sind. Gerade dieser Punkt macht es für viele Erzieher so schwierig, die richtige Distanz zu Kindern und Eltern zu wahren. Da kommt es auch schon mal vor, dass man nach Feierabend die Kita wieder aufschließt, wenn ein Elternteil doch noch ein wichtiges Anliegen in Ruhe mit der Erzieherin besprechen will.

Grenzen setzen

Wann kann ich zu Eltern auch mal „Stopp!" sagen? Ganz einfach: Am Ende meines Dienstes. Bei aller Fürsorge ist der Beruf eines Erziehers eben auch genau das: Ein Beruf mit Dienstzeiten. Auch ein Kindergarten hat klar kommunizierte Öffnungszeiten, in denen er seinen Service anbietet. Es ist wichtig, dass allen Eltern von Beginn an klar ist, warum es so wichtig ist, diese Zeiten auch zu respektieren und Erzieher auch mal zur Ruhe kommen zu lassen. Sicherlich werden sie das verstehen, wenn sie bedenken, dass fehlende Ruhezeiten eben auch ein Grund für Krankheit und die damit verbundenen Ausfälle sind. Es ist wichtig, diese Grenzen von Beginn an zu kommunizieren und dann von Mitarbeitern und Eltern zu verlangen, diese auch einzuhalten. Werden erste Ausnahmen gemacht, wird daraus schnell Routine und dann erwarteter Service. Das ist eine ganz normale Entwicklung, die letztlich dazu führen kann, dass Kindergärten Beschwerden zu Leistungen erhalten, die sie eigentlich gar nicht anbieten. „Die Erzieherin war abends nicht erreichbar", oder „Das Gespräch wurde abgelehnt!".

Richtig Kommunizieren

Bei unklaren Verhältnissen, die sich meist durch ein (noch) nicht aus-gehandeltes Nähe- und Distanzverhalten beschreiben lassen, wie es oft zu Beginn des Kitajahres der Fall ist, helfen Strukturen. Werden diese eingehalten und geschützt, sind sie eine gute Grundlage für eine dauerhaft professionelle Kommunikation. Bieten Sie deshalb regelmäßige Gesprächs- und Sprechzeiten an, organisieren Sie den Dienstplan so, dass Zeit für kurze Gespräche in der Bring- und Abhol-phase bleibt und erklären Sie den Eltern ihren Tagesablauf, damit sie verstehen, wann ein Gespräch möglich ist und wann dies aus wel-chen Gründen nicht möglich ist. Legen Sie die Anzahl der Elternaben-de fest, die sie im Jahr durchführen wollen. Sortieren Sie Anfragen und Themen diesen Strukturen zu und handeln diese entsprechend ab. So sparen Sie Zeit, sorgen für einheitliche Informationen und vermeiden persönliche Auslegungen, Deutungen und kontinuierli-ches Hinterfragen von Beschlüssen. Das folgende Beispiel zeigt eine typische Gesprächssituation aus dem Kita-Alltag:

> Cordula ist Erzieherin in einem städtischen Kindergarten. Sie hat Feierabend und ist auf dem Weg nach Hause, als ihr die Mutter von Maximilian begegnet, die ihn gerade aus der Kita abholen möchte. Sie bleibt stehen und spricht Cordula an: „Ach wie gut, dass ich Sie treffe! Ich wollte doch so gerne mit Ihnen über Maximilians Schlafprobleme sprechen. Das passt doch jetzt, oder?" Cordula lässt sich darauf ein, obwohl sie in Gedanken schon zu Hause ist und weiß, dass in einer halben Stunde ihre Freundin klingeln wird. Das Gespräch zwischen den beiden gerät zu einem Fiasko: Maximilians Mutter ist enttäuscht, dass die Erzieherin so wenig Geduld und Verständnis für ihr Problem hat. Cordula hat ein schlechtes Gefühl und fürchtet, dass die Mutter bei der Leiterin Beschwerde einlegen wird. Wäre es nicht besser gewesen, Cordula hätte mit der Mutter einen Termin für den nächsten Tag vereinbart, das Gespräch mit der nötigen Ruhe geführt und wäre nach Hause gegangen!?

Vor der Bühne, hinter der Bühne

Oft fällt es den Pädagogen in den Kindereinrichtungen schwer auseinander zu halten, welche Informationen für welchen Personenkreis geeignet sind. Hier hilft ein einfaches Bild: Stellen wir uns vor, wir sind in einem Theater. Vorne auf der Bühne läuft ein Stück, welches das Publikum gerne sehen möchte, auf das es sich lange gefreut hat und dafür extra lange auf den Beginn des Vorverkaufs warten musste. Hinter der Bühne geht alles drunter und drüber. Eine Schauspielerin ist krank, der Schlüssel zum Technikschrank ist nicht zu finden und zwei Balletttänzerinnen haben sich zerstritten und weinen nun bitterlich. All das möchte das Publikum nicht wissen. Daher ist es gut, dass vor der Bühne alles reibungslos klappt, kleine Pannen überspielt werden und dadurch nicht weiter auffallen.

In der Kita ist es ähnlich. Es gibt viel zu tun, damit die Kinder einen schönen und erlebnisreichen Tag erfahren und die Eltern diese zufrieden abholen können. Damit das funktioniert, müssen Alltagsherausforderungen, wie die Krankheit einer Kollegin, das verspätete Mittagessen oder die Probleme mit dem Drucker auch in der Kita hinter der Bühne gelöst werden.

Wissen, wie es den Mitarbeitern geht

Viele Entscheidungen, die Mitarbeiter betreffen, werden oft nach Gefühl getroffen. Und genauso emotional sind die Auswirkungen solcher Entscheidungen. Plötzlich gibt es Tumulte im Team und keiner weiß genau, woher sie kommen. Es fällt auf, dass sich eine Mitarbeitern immer wieder krankschreiben lässt. Die Stimmung in der Einrichtung ist merkwürdig und die Eltern werden unruhig. In solchen Situation weiß oft keiner mehr genau, was eigentlich die Ursachen sind und deshalb bleiben zielgerichtete Handlungen aus. Die Leiterin befürchtet, dass ihr das Team unter den Händen weggleitet. Auf die Qualität der pädagogischen Arbeit achtet niemand mehr.

Es ist entscheidend zu wissen, wie es den Mitarbeitern geht. Dazu reicht die bloße Frage in gemütlicher Kaffeerunde nicht aus. Hier ergibt sich nicht die Möglichkeit über komplexe Sachverhalte oder persönliche Probleme zu sprechen. Gibt es für Mitarbeiter allerdings keine anderen Formen der Meinungsäußerung, verzichtet die Leitung auf wichtige Kenntnisse zur Situation und Wahrnehmung der eigenen Mitarbeiter. Daher fehlen ihr die Mittel, um Situationen wie oben beschrieben zu durchschauen und zuverlässig zu lösen. Die Mitarbeiterzufriedenheit lässt sich an unterschiedlichsten Aspekten festmachen:

Gerechtigkeit: Fühlen sich alle gleichermaßen gesehen und gerecht behandelt?

Transparenz: Fühlen sich alle informiert und können die Mitarbeiter aus den Informationen Handlungen ableiten?

Vertrauen: Haben die Mitarbeiter die Sicherheit, sich mit ihren Bedürfnissen und Anliegen an ihre Vorgesetzten wenden zu können?

Aufstiegschancen: Wird meine Arbeit gesehen, wird sie belohnt und werden mir Entwicklungschancen eröffnet?

Identifikation: Fühlen sich die Mitarbeiter mit den Einrichtungszielen verbunden? Stimmen Werte und Leitbild mit den persönlichen Vorstellungen überein?

Zusammenarbeit im Team: Sind die Kollegen freundlich? Werde ich im Team akzeptiert und funktionieren die vereinbarten Routinen?

Es gibt verschiedene Wege, die Mitarbeiterzufriedenheit zu erfassen und in ihrer Entwicklung darzustellen. Erhebungen per Fragebogen bieten sich an, um ein Bild zu den allgemeinen Trends abzuleiten. Einzelinterviews sind der richtige Weg, wenn genauere Hintergründe und Ursache-Wirkungsketten abgeleitet werden sollen. Man spricht von quantitativen bzw. qualitativen Verfahren. Die dahinter liegende Frage sollte über die Wahl der Methode entscheiden, da beide bestimmte Vor- und Nachteile haben:

Quantitative Methode:

- Sie dient zur Ableitung allgemeiner Trends.
- Eine Mindestzahl an Beteiligten ist notwendig, um verlässliche Werte zu erreichen (mindestens 50% der Mitarbeiter).
- Mit zunehmender Anzahl von Befragten wird die Auswertung aufwendiger.
- Online-Dienste bieten die Möglichkeit, Befragungen per Email durchzuführen und vielfältig zu analysieren.
- Die Art und Weise, wie Fragen formuliert werden, kann die Beantwortung stark beeinflussen. Suggestivfragen sind unbedingt zu vermeiden.
- Alle Befragungen sollten anonymisiert durchgeführt werden.

Qualitative Methode:

- Sie dient der Ermittlung von Ursache-Wirkungsketten durch Analyse von Fallbeispielen.
- Sie erfordert Zeit.
- Sie arbeitet mit wenig standardisierten Fragen.
- Es reichen auch wenige zu Befragende aus, die Fragen sind offen und werden anschließend analysiert.
- Die Befragung findet zumeist in Form von mündlichen Interviews statt.
- Die Methode wird oft genutzt, um Thesen zu entwickeln, die anschließend mit quantitativen Methoden überprüft werden.

Die Mitarbeiterbefragung bietet zudem Aufschluss über weitere Aspekte wie der Krankenquote, Fluktuation und Elternbeschwerden
und bietet Möglichkeiten, um auf die Zufriedenheit der Mitarbeiter
rückzuschließen.

Stellt eine Kitaleitung zum Beispiel fest, dass die Werte zur „Zusammenarbeit im Team" im Vergleich zur letzten Befragung gesunken
sind, während gleichzeitig die Krankenquote auffällig angestiegen
ist, kann sie daraus ableiten, dass es im Team einen schwelenden
Konflikt gibt. Bevor dieser Konflikt nun tatsächlich ausbricht, kann sie
mit Hilfe von Teammaßnahmen entsprechend gegensteuern. Daten
aus Mitarbeiterbefragungen helfen nicht nur Krisen vorzubeugen,
sondern dienen besonders der Ableitung geeigneter Maßnahmen zur
Weiterentwicklung der pädagogischen Arbeit und damit zur kontinuierlichen Verbesserung der Kitaqualität.

Qualitätselemente: Die Standards

In diesem Kapitel betrachten wir die Standards, denen der Kindergarten bedarf, um die Qualität der pädagogischen Arbeit auch unter sich verändernden Umständen immer sicherzustellen.

Wie Kita heute gelingen kann

Alle Abläufe in einem Kindergarten lassen sich in einer Prozesslandkarte abbilden. Mit dieser Systematisierung wird deutlich, dass die pädagogische Arbeit im Zentrum der Abläufe im Kindergarten steht und daher als Kernprozess dargestellt werden muss. Neben dem Kernprozess gibt es Führungs- und Stützprozesse. Diese ermöglichen erst den eigentlichen Kernprozess: die pädagogische Arbeit. Ohne Gartenpflege, Kundenverwaltung oder regelmäßige Gehaltszahlungen wäre die pädagogische Arbeit nicht möglich. Die Führungsprozesse dienen der langfristigen Sicherstellung der pädagogischen Arbeit und sind deshalb meist Aufgabe der Kitaträger.

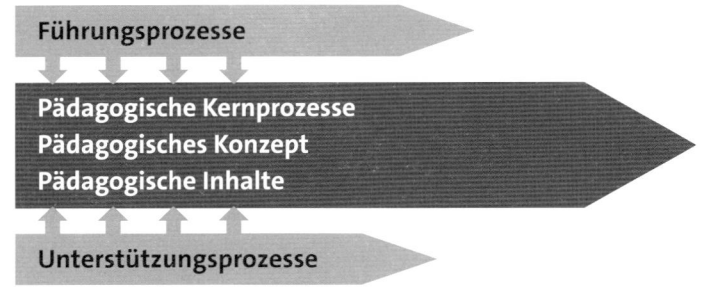

Quelle: Prozesslandkarte, eigene Darstellung

Die Prozesslandkarte stellt Führungs-, Unterstützungs- und Kernprozesse dar. Im Kindergarten sind Kernprozesse die Aufgaben, die mit der pädagogischen Betreuung und Förderung der Kinder zu tun haben. Führungsprozesse beschreiben alle Aufgaben, die mit der Führung und Leitung zu tun haben, z. B. Personalentwicklung, Betriebsgenehmigungen, Buchhaltung. Unterstützungsprozesse beschreiben die Aufgaben, die den pädagogischen Kernprozess sichern, z. B. Reinigung, Materialbeschaffung, Essensversorgung.

Standard

Ein Standard ist eine vergleichsweise einheitliche oder vereinheitlichte, weithin anerkannte und meist angewandte Art und Weise, etwas herzustellen oder durchzuführen, die sich gegenüber anderen Arten und Weisen durchgesetzt hat.

Prozessbeschreibung

Die Prozessbeschreibung dokumentiert alle Verfahren und Teile davon, die regelmäßig ausgeführt werden. Die Prozessbeschreibung stellt somit das Gedächtnis einer Organisation dar.

(Quelle: de.wikipedia.org)

Die Worte „Standard" oder „Prozessbeschreibung" lösen im pädagogischen Kontext eher Ablehnung aus. Unwillkürlich wird sofort an Bürokratie und einschränkende Vorgaben gedacht: Ein Vorgang fängt bei A an und geht über B nach C – als würde der Alltag mit Kindern in solchen Schemata ablaufen. Viele Erzieherinnen glauben, dass Pädagogik, insbesondere frühkindliche Bildung, von vorgegebenen Prozessen nicht gesteuert werden kann, da Entscheidungen immer situativ und auf das Kind bezogen stattfinden müssen und deshalb vorgeschriebene Verfahren keine Hilfe für die Praxis darstellen. Damit haben sie im Grunde auch recht, vor allem was die Kernprozesse im Kindergarten betrifft. Standards und Prozesse dienen nicht dazu festzulegen, dass immer montags um 9 Uhr „Alle meine Entchen" gesungen wird, am Dienstag „Hänschen klein" und so weiter.

Wir sind davon überzeugt, dass einer modernen Pädagogik dennoch festgelegte Standards zu Grunde liegen müssen. Mit Hilfe von Standards lässt sich leicht regeln, welche Maßnahmen durch wen durchzuführen sind. Auf diese Weise wird garantiert, dass auch unter schwierigen Bedingungen die pädagogischen Kernprozesse stets gesichert sind. Ausfälle durch Krankheit, Urlaub oder Weiterbildungsmaßnahmen gehören zum üblichen Geschäft einer Kita und dürfen nicht dazu führen, dass pädagogische Angebote sozusagen „unter die Räder des Alltags geraten". Planung, Durchführung und Dokumentation spannender Projekte für Kinder sind kein luxuriöses Extra in der frühkindlichen Bildung, sondern Standard und müssen als solcher stets sichergestellt sein. Durch Prozessbeschreibungen lässt sich genau dies erreichen.

Prozessbeschreibung Kinderschutz

Quelle: Qualitätsmanagementsystem der Klax Gruppe, eigene Darstellung

Wir haben dieses Thema als Beispiel für ein Prozessbild gewählt, da dieser Prozess in allen Kindereinrichtungen bekannt ist.

Ein wichtiger Stützprozess wäre zum Beispiel die Dienstplangestaltung: Jede Kita muss immer einen bestimmten Erzieher-Kind-Schlüssel garantieren. Dabei kann eine Prozessbeschreibung helfen, die regelt, auf welche Art und Wiese ein Dienstplan erstellt wird und wie dieser auszusehen hat. Ein solcher Prozess würde sich besonders auf die Sicherstellung des Personalschlüssels als Merkmal der Strukturqualität konzentrieren.

Darstellung von Prozessabläufen

Es hat viele Vorteile eine grafische Prozessbeschreibung mit einheitlicher Form- und Farbnutzung zu wählen. Einfache Prozessschritte werden so deutlich von Entscheidungsoptionen getrennt. Die Pfeilrichtung gibt eine einfache Orientierung über die bisher abgeschlossenen und die weiteren Schritte. Gleichzeitig können notwendige Materialien und Formulare optisch mit den jeweiligen Aufgaben verbunden werden. Klare Verantwortlichkeiten und geringe Textanteile garantieren auch im stressigen Alltag eine schnelle Informationsquelle für alle Mitarbeiter.

Abläufe, die sich auf die Strukturqualität einer Kita beziehen, lassen sich meist in grafischen Prozessbeschreibungen darstellen. Wie sieht es aber mit der konkreten pädagogischen Arbeit aus? Auch hier helfen Beschreibungen und Vorgaben allen Mitarbeitern dabei, die notwendige Qualität im pädagogischen Alltag zu erreichen.

Wie so etwas aussehen kann, erläutern wir an einem Beispiel aus dem Qualitätsmanagement-Handbuch von Klax:

Das Spiel als wichtigste Bildungssituation

✅ Kurzbeschreibung

- Das Spiel ist die wichtigste Lernform für Krippen- und Kindergartenkinder.
- Das Repertoire erweitert sich mit fortschreitendem Alter um immer neue **Spielformen**.
- Kinder fühlen sich ernst genommen, wenn Erwachse sich in ihre Spiele hineinbegeben und dabei ihr Können und ihre Ideen erfahren und loben.
- Beim Mitspielen erfährt der Pädagoge sehr viel über die Kinder und ihre aktuellen Bedürfnislagen.
- Pädagogen können das Spiel der Kinder bereichern und damit Lernprozesse vertiefen, indem sie auf der Grundlage von Beobachtungen geeignete Materialien zur Verfügung stellen, den Raum entsprechend aktueller Interessen und Bedürfnisse gestalten und im Spiel sichtbar gewordene Themen in Bildungsangeboten aufgreifen.

⚠ Wichtige Regeln

- Das angeleitete Spiel regt die Kinder an und bereichert und motiviert durch Ideen; es wird nicht durch den Pädagogen dominiert oder bestimmt.
- Wenn es das Gruppengeschehen zulässt, sollte der Pädagoge auch mit einzelnen Kindern spielen, gerade im Sinne der Förderung „besonderer" Kinder (beispielsweise mit Handicap, Hochbegabung oder Migrationshintergrund).
- In Spielsituationen, in denen sich die Kinder gut aufeinander abgestimmt haben und selbst fantasievoll und ideenreich miteinander spielen, hält sich der Pädagoge zurück und übernimmt die Rolle des Beobachters.
- In Konfliktsituationen, die während des Spiels zwischen Kindern auftreten können, sollte nicht vorzeitig eingegriffen werden, um das Spiel der Kinder nicht zu unterbrechen.
- Das Spiel sollte nur im Ernstfall reguliert werden, damit die Kinder Lernchancen im Bereich der sozialen Entwicklung wahrnehmen und gangbare Wege ausprobieren können.
- Es muss eingegriffen werden, wenn es gefährlich wird, wenn einzelne Mitspieler sich deutlich nicht mehr wohlfühlen, ohne sich in der Situation helfen zu können.
- Gemeinsam mit den Kindern werden einfache Regeln entwickelt und vereinbart, wie unerwünschte Situationen sicher beendet werden können.
- Sollten tatsächliche Machtgefälle zwischen den Kindern im Spiel verfestigt werden (z. B. spielt immer der kleine schwache Außenseiter das Opfer), ist es Aufgabe des Pädagogen, ohne moralisierendes Auftreten in die Spielkonstellation einzugreifen.

Quelle: Ausschnitt aus dem Pädagogischen Handbuch Kindergarten der Klax Gruppe

Den pädagogischen Kernprozess durch Standards sichern

Das vorhergehende Beispiel zeigt eine Möglichkeit, pädagogische Abläufe so zu beschreiben, dass Zielstellungen und Regeln einer bestimmten Situation deutlich werden. Auf Grundlage einer solchen Beschreibung wird jede Erzieherin ihren eigenen Weg im pädagogischen Alltag finden.

Die folgenden Methoden sind Beispiele für Standards, die helfen den pädagogischen Alltag auch im täglichen Chaos zu sichern. Sie geben die Hilfen und die Struktur, um bei Krankmeldungen, Planungsänderungen und dem üblichen Stress, alle wichtigen Ziele und damit die Basis für qualitiv hochwertige pädagogische Arbeit zu garantieren.

Der rote Faden der Entwicklungsbegleitung

Jeder Kindergarten hat die Pflicht und den Anspruch, die ihm anvertrauten Kinder individuell zu fördern. Dabei kann eine Ablaufbeschreibung helfen, die mit Hilfe der folgenden Fragen einen roten Faden durch den pädagogischen Prozess zieht:

- Wo stehen meine Kinder aktuell?
- Welche Schritte werden sie als nächstes unternehmen?
- Welche Herausforderungen und Materialien brauchen sie dafür?

Natürlich muss auch sichergestellt sein, dass die Entwicklung dokumentiert wird. Es ist wichtig, gemeinsam über das Erreichte zu reflektieren, um daraus wieder sinnvolle Angebote zu entwickeln. Dies alles bildet den „Roten Faden der Entwicklungsbegleitung".

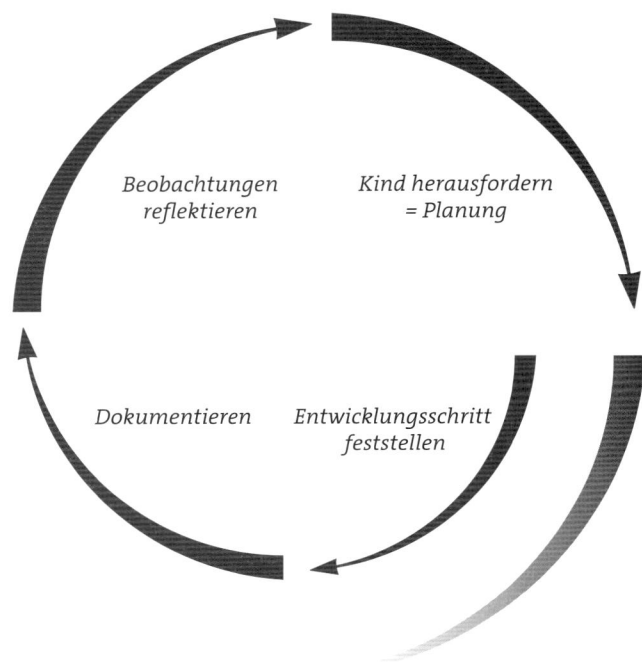

Quelle: nach „Methodenbox für die Krippe. Grundlagen und Arbeitshilfen zur Beobachtung und Dokumentation bei Kindern unter 3", eigene Darstellung

Wie ein roter Faden zieht sich die kindzentrierte Entwicklungsbegleitung mit ihren Elementen Beobachtung, Feststellung und Dokumentation von Entwicklungsschritten, Reflexion sowie Planung von Herausforderungen durch den pädagogischen Alltag.

- Entwicklungsschritt feststellen
- Dokumentieren
- Die Beobachtungen reflektieren
- Das Kind herausfordern = Planung

Entwicklungsstand feststellen durch Beobachtung
Der erste Schritt bei der Begleitung der Entwicklung von Kindern ist Beobachtung. Die Aufmerksamkeit der Erzieherin gilt dem Tun des Kindes, um dabei entwicklungsbedingte Häufungen von bestimmten Tätigkeiten zu entdecken.

Beobachtung dokumentieren
Unmittelbar beim Beobachten zeichnen die Erzieher im zweiten Schritt die Beobachtungen auf – meist natürlich parallel zur Beobachtung. Das können detaillierte Beschreibungen der beobachteten Abläufe sein, wobei jetzt noch keine Deutung erfolgen sollte. Genauso machen auch stichwortartige Dokumentationen Sinn. Raumskizzen und Verlaufsskizzen helfen bei der Rekonstruktion der Abläufe. Auch fotografieren und filmen sind Methoden der Dokumentation. Für die Eltern müssen Dokumentationen besonders aufgearbeitet werden, weil sie den Prozess ja nicht selbst miterlebt haben. Regelmäßig nutzt die Erzieherin also das bei den Beobachtungen gewonnene Material, um auf dieser Basis Tagesrückblicke, Poster oder Portfolioblätter und Entwicklungsberichte zur Vorbereitung von Elterngesprächen anzufertigen.

Beobachtungen reflektieren durch Gespräche im Team und mit Eltern
Der dritte Schritt ist die Auswertung der Beobachtung der Erzieherin im Gespräch mit den Kollegen. In dieser Phase kommt es zu Deutungen und Zuordnung des Gesehenen zu einem typischen Entwicklungsschritt. Die Erzieherinnen wissen nun, wo jedes Kind steht Im Elterngespräch teilt die Erzieherin den Eltern mit, welche Beobachtungen sie gemacht hat, welchen Entwicklungsschritt sie bei dem Kind gerade vermutet und welche Angebote die Erzieherin dem Kind in Zukunft machen wird und welche Materialien dazu bereitgestellt werden. Sie hört sich darüber hinaus an, welche Beobachtungen die Eltern gemacht haben, welche Einschätzung sie zu der Entwicklung des Kindes treffen und welche Fragen bei den Eltern offen sind.

Eine Herausforderung für das Kind entwickeln

Im vierten Schritt gilt es, Ideen für Herausforderungen zu entwickeln. Im Gespräch mit den Kollegen überlegt die Erzieherin, welche nächste Herausforderung dem Kind und seiner Entwicklung entgegenkommt. Welches Angebot kann das Kind interessieren? Welche Materialien fordern seine Sinne, seine motorischen Fähigkeiten, seine Kognition heraus? In dieser Phase planen die Erzieherinnen konkrete Angebote, wählen Material aus oder überdenken bisweilen die Raumeinrichtung. Ebenfalls kann es vorkommen, dass die Erzieherinnen über die stärkere Einbeziehung der Kinder in den Tagesablauf nachdenken. Im Rahmen des Elterngespräches kommen Erzieherin und Eltern überein, wie die Eltern das Kind zu Hause fördern können, welche Materialien sie bereitstellen und welche Angebote sie machen können. Erzieherinnen wie Eltern setzen in der Folgezeit die Planung um. Das kann in vielfältigen Formen und unterschiedlichster Intensität geschehen: Ein besonderes Angebot findet statt, ein neues Material wird zur Verfügung gestellt, einzelne Kinder werden in bestimmten Situationen besonders angesprochen...

Entwicklungsstand feststellen durch Beobachtung

Die Umsetzung der Planung ist gleichzeitig wieder etwas, was es zu beobachten gilt. Die Erzieher beobachten also das Verhalten der Kinder in der neuen Raumsituation, der Umgang mit den neuen Materialien, um später zu reflektieren, was gut ankam und wie die Planung ergänzt werden könnte. Sie werden beim Beobachten auch erfahren – und anschließend dokumentieren – wie sich das Kind weiterentwickelt hat. Anschließend beginnt der Kreislauf von neuem.

„Der rote Faden der Entwicklungsbegleitung". Quelle: Methodenbox für die Krippe. Grundlagen und Arbeitshilfen zur Beobachtung und Dokumentation bei Kindern unter 3, Antje Bostelmann, Michael Fink, 2013

Die Stufenblätter als Planungsgrundlagen

Der pädagogische Alltag benötigt einfache und leicht verständliche Planungsgrundlagen. Jedes Kind ist anders und braucht deshalb seine eigenen Herausforderungen. Es wäre zu viel verlangt, von der Erzieherin zu fordern, dass sie für jedes Kind jeweils einen Plan aufstellt. Planen, und trotzdem jedem Kind gerecht werden, funktioniert mit folgenden Hilfsmitteln: In den letzten Jahren wurden je nach Bundesland umfangreiche Bildungspläne für Krippen und Kindergärten geschrieben, in denen fünf bis sieben verschiedene Bildungsbereiche festgelegt wurden. Für das Bundesland Berlin sind dies:

- Körper, Bewegung und Gesundheit
- Soziale und kulturelle Umwelt
- Sprachen, Kommunikation und Schriftkultur
- Bildnerisches Gestalten
- Musik
- Mathematische Grunderfahrungen
- Naturwissenschaftliche Grunderfahrungen

Die Festlegung der Bildungsbereiche ist ein notwendiger und wichtiger Schritt, dennoch sind diese Darstellungen für den täglichen Gebrauch noch zu komplex. Ein einfaches Werkzeug, welches zwischen den Bildungsplänen auf der einen Seite und dem Alltag in den Einrichtungen auf der anderen vermittelt, sind die Stufenblätter. In diesen werden je Bildungsbereich verschiedene Teilkompetenzen definiert, die Kinder in den ersten Jahren erwerben sollen, zum Beispiel den eigenen Namen schreiben zu können. Die Fähigkeit den eigenen Namen zu schreiben, setzt andere Entwicklungsstufen voraus. So muss ein Verständnis für Buchstaben und Sprache entwickelt worden sein: Das Kind kann Buchstaben in seiner Umgebung entdecken und erkennen.

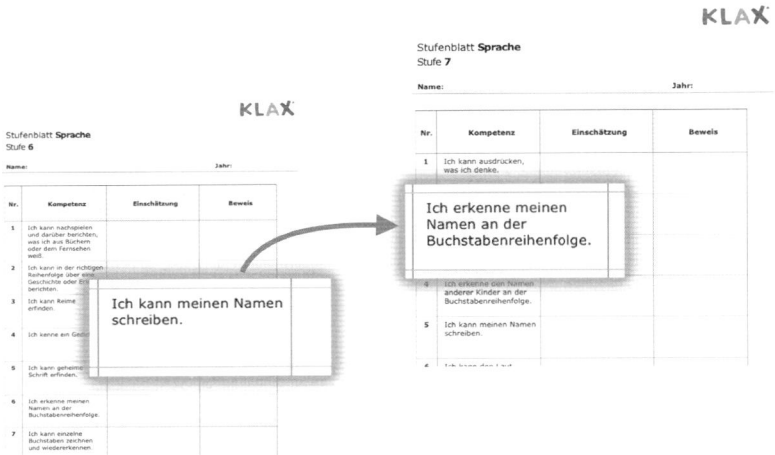

Quelle: Klax GmbH, Auszug aus den Stufenblättern
des Bildungsbereichs Sprache 6 + 7

Stufenblätter sind ein leicht anwendbares System, um die Ziele der Bildungsprogramme zu operationalisieren und einen Überblick über den Entwicklungsstand der Kinder einer Gruppe zu erhalten. Die Entwicklung der einzelnen Kinder wird individuell nachvollziehbar, wenn für jedes Kind eigene Stufenblätter angelegt werden. Die Auswertung der Stufenblätter bildet die Planungsgrundlage für neue Herausforderungen und bietet Erziehern und Eltern die Möglichkeit, über die Entwicklung des Kindes zu sprechen und dabei die erreichten Schritte in den Mittelpunkt zu stellen. Auf diese Weise kann sichergestellt werden, dass kein Kind auf dem Weg ungesehen bleibt. Lücken können frühzeitig erkannt und leicht geschlossen werden. Wichtig ist dabei immer, Kinder nicht an einer gefühlten Normalität zu messen, sondern ihre individuellen Leistungen zu sehen.

Der Lotusplan als Basis für strukturierte Projekte

Der Lotusplan erinnert in seinem Aufbau an eine Mindmap. Man beginnt mit einem Thema in der Mitte und fügt im Weiteren immer mehr Gedanken oder konkrete Ideen dazu. In der Pädagogik ist der Lotusplan eine sinnvolle Unterstützung, um gemeinsam im Team eine Planung zu erstellen, die auf dem aus der Beobachtung gewonnen Wissen über die einzelnen Kinder basiert.

In der Teamsitzung tragen die Erzieherinnen ihre aktuellen Beobachtungen über die Kinder zusammen: Marie spielt immer wieder am Wasserhahn im Bad. Samir hat im Buddelkasten eine Flusslandschaft gebaut und andere Kinder sind dadurch aufgefallen, dass sie besonders viel Zeit im Bauraum verbringen und dort große Bauwerke aus Holzklötzen errichten. Die Erzieherinnen diskutieren diese Beobachtungen und beschließen, die Kinder im nächsten Monat mit dem Thema Bauwerke und Wasser herauszufordern.

Dieses Thema passt auch gut, da die örtliche Wasserwirtschaft veranstaltet einen Tag der offenen Tür, den die Kita auf jeden Fall besuchen will. Das Thema wird mittig in den Lotusplans eingetragen. In die darum liegenden Felder fügen die Erzieherinnen ihre Ideen hinzu: Stausee, Brücke, Wasserwerk, Bäche und Flüsse. Jede dieser Ideen wird in die Mitte der äußeren Blüten übertragen. In die Felder darum wird nun geschrieben, was die Erzieherinnen in den einzelnen Bildungsbereichen zu dem jeweiligen Thema erarbeiten und umsetzen wollen. Die Ateliererzieherin wird auf einer großen Platte aus Ton Wasserlandschaften bauen und Brücken und Staudämme errichten lassen. Im Bereich Naturwissenschaften wird es um die Frage gehen, wie der Weg des Trinkwassers bis zu uns nach Hause verläuft und im Bereich Musik soll es darum gehen, wie Wasser klingt und ob schon Musik komponiert wurde, die sich mit dem Thema Wasser auseinandersetzt.

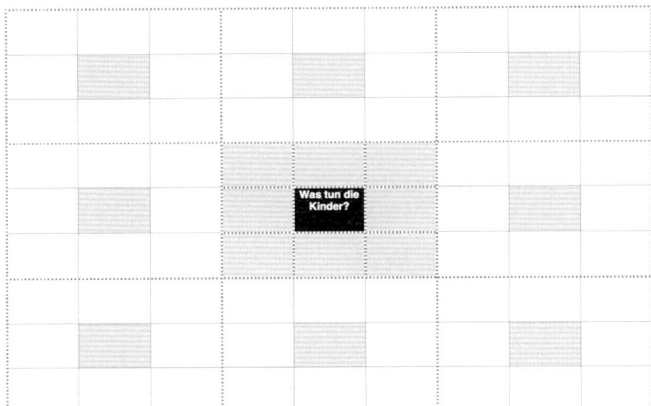

Quelle: Klax GmbH, Lotusplan Krippe

Die Lotusplanung ist eine ideale Grundlage für anregende und ideenreiche Planungsgespräche, die vom Kind ausgehend zu Gruppenprojekten führen, in denen am Ende jeder entsprechend seiner Entwicklung und Interessen gefördert wird.

Der Tagesablauf schafft Ordnung im bunten Trubel

Wiederkehrende Abläufe und Rituale geben Kindern Sicherheit. Sie können sich darauf verlassen, dass sie die Welt verstanden haben, wenn Dinge immer wieder auf dieselbe Art und Weise geschehen. Ein strukturierter und damit für Kinder und Eltern vorhersehbarer Tagesablauf im Kindergarten gibt Orientierung.

Für Erzieher stellt ein standardisierter Tagesablauf ebenfalls eine Erleichterung dar. Alle wissen, wer sich gerade in welchem Raum befindet und mit welcher Aufgabe beschäftigt ist. Eine Erzieherin kümmert sich um das Frühstück, eine andere Kollegin hat ein Auge auf die Kinder, die bereits im Bauraum spielen. Alle wissen, dass der Tag mit dem gemeinsamen Morgenkreis beginnt und mit dem Abschlusskreis enden wird. Ein Tagesablauf kann folgendermaßen aussehen:

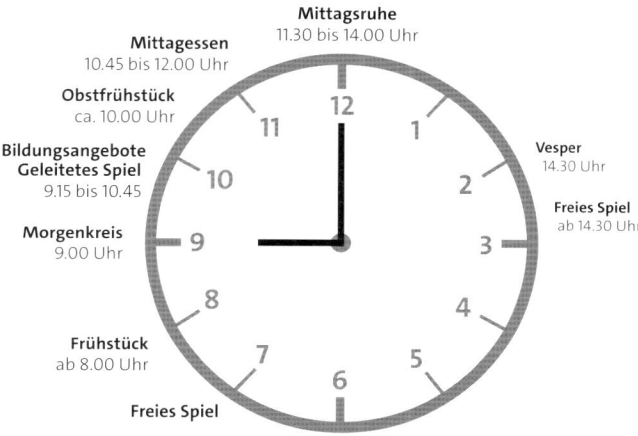

Tagesablauf in der Krippe

Mittagsruhe
11.30 bis 14.00 Uhr

Mittagessen
10.45 bis 12.00 Uhr

Obstfrühstück
ca. 10.00 Uhr

Bildungsangebote
Geleitetes Spiel
9.15 bis 10.45

Morgenkreis
9.00 Uhr

Frühstück
ab 8.00 Uhr

Freies Spiel

Vesper
14.30 Uhr

Freies Spiel
ab 14.30 Uhr

Quelle: eigene Darstellung

Der Tagesablauf bildet die Grundstruktur, auf der sich die pädagogischen Angebote aufbauen. So kann sichergestellt werden, dass den unterschiedlichen körperlichen und sozialen Bedürfnissen von Kindern der notwendige Raum bzw. die notwendige Zeit eingeräumt wird. Ein guter Tagesablauf enthält Phasen, in denen sich pädagogische Angebote und Freispiel abwechseln, in denen auf lautes Toben eine Phase der Ruhe folgt und Zeiten, in denen die ganze Gruppe zusammen ist sowie Raum schafft, sich auch einmal zurückziehen zu können.

Gleichzeitig hilft der Tagesablauf der Kitaleitung einen passenden Dienstplan zu erstellen. Neue Mitarbeiter und Praktikanten können einfacher in die Routinen integriert werden, wenn sie das System verstehen, nach dem der Kindergarten seinen Tag strukturiert. In den meisten Einrichtungen ist das Vorhandensein eines ausgewogenen Tagesablaufs ein zentraler Qualitätsstandard.

Qualitätserhebung: Die Evaluation

In diesem Kapitel untersuchen wir die Möglichkeiten, Qualität zu messen und sich mit anderen darüber auszutauschen. Unser Ziel ist es, Wege aufzuzeigen wie Erzieher und Eltern gemeinsam die Qualität ihres Kindergartens erfassen und verbessern können.

Wissen, wo man steht

Evaluation

Die Evaluation ist die Bewertung eines Prozesses, eines Standards oder einer Organisationseinheit. Im Allgemeinen lässt sich als Evaluation auch die grundsätzliche Untersuchung begreifen, ob und inwieweit etwas geeignet erscheint, einen angestrebten Zweck zu erfüllen.

(Quelle: wikipedia.de)

Natürlich haben alle Beteiligten eine Meinung zur Qualität eines Kindergartens. Welcher Eindruck aber ist der richtige? Ist es richtig, dass der Alltag aus Sicht der Erzieher gut funktioniert oder ist es richtig, dass einige Eltern das Gefühl haben, dass Informationen nicht deutlich genug kommuniziert werden? Was sehen eigentlich die Kinder als besonders wichtig in ihrem Kindergarten an und wie wird der Auditor des Trägers oder der Kommune die Einrichtung beim nächsten Besuch bewerten?

Auditoren

Auditoren (audire, lateinisch: hören) überprüfen auf der Grundlage von Sachbezügen und Fakten die Qualität von Produkten und Dienstleistungen. Dazu untersuchen sie die Umsetzung von Prozessen und helfen Mitarbeitern Verbesserungsmöglichkeiten zu erkennen und zu nutzen.

(Quelle: wikipedia.de)

Die Einschätzung der Qualität beruht auf den Meinungen und Perspektiven der beteiligten Personen und ist meist nicht deckungsgleich. Jeder hat aus seinem Alltag und seinen Ansprüchen heraus andere Erwartungen an den Kindergarten und bewertet einzelne Punkte unterschiedlich: Ein Kindergarten, in dem sich alle Erzieher wohl fühlen und gut arbeiten können, erfüllt nicht seine Qualitätsanforderungen, wenn die Eltern unzufrieden sind oder sich schlecht informiert fühlen. Gleichzeitig kann es für die Einschätzung der Qualität eines Kindergartens nicht ausreichen, wenn zwar die Auditoren zufrieden sind, die Kinder aber nicht gerne in ihren Kindergarten kommen.

Erhebungen per Fragebogen

Mindestens einmal jährlich sollte in jedem Kindergarten eine Evaluation zur Einschätzung der Qualität erfolgen. Hierbei müssen auf eine systematische Weise die Meinungen der unterschiedlichen Beteiligten erfasst und miteinander ins Verhältnis gebracht werden. Gleichzeitig sollten die vorhandenen Daten zur Strukturqualität einer Einrichtung mit berücksichtigt werden. Wie kann das aussehen?

Die Erzieher sind die Experten der Arbeit in der Einrichtung. Sie können über einen anonymisierten Fragebogen Auskunft zu verschiedenen Dimensionen der Qualität in ihrem Kindergarten geben. Um den Befragten entgegenzukommen, empfehlen sich Auswahlantworten (Multiple-Choice-Verfahren). Der Fragebogen sollte dabei immer möglichst folgende Dimensionen umfassen, wobei die Bezeichnung im Einzelfall abweichen kann:

Individualisierte Lernwege

Werden den Kindern herausfordernde Angebote gemacht? Können Sie eigene, kreative Herangehensweisen und Lösungswege entwickeln? Werden die Kinder in ihren Stärken gesehen und gefördert? Werden die Entwicklungsschritte regelmäßig dokumentiert?

Soziale Gemeinschaft

Wurden Regeln für den Alltag vereinbart, die sowohl aus Sicht der Erwachsenen als auch aus Sicht der Kinder Sinn ergeben? Sind diese Regeln allen bekannt und werden von allen eingehalten? Sind Erzieher, Eltern und Kinder immer informiert über wichtige Ereignisse im Kindergarten? Finden regelmäßig Elterngespräche statt?

Gestaltete Umgebung

Sind alle Räume stets sauber und ansprechend eingerichtet? Befinden sich in den einzelnen Räumen die Materialien, die die Kinder aktuell benötigen? Sind klare Regeln zur Nutzung der einzelnen Räume bekannt? Nutzen die Kinder die Räume und Materialien selbstständig?

Authentische Erwachsene

Finden regelmäßig Sitzungen statt, auf denen Erzieher und Eltern gemeinsam pädagogische Angebote für einzelne Kinder entwickeln? Wird immer klar kommuniziert, welche Ziele ein bestimmtes Projekt verfolgt? Wird eine Entwicklungsbeobachtung und Entwicklungsdokumentation bewusst durchgeführt und werden daraus neue Projekte abgeleitet?

Diese Fragen dienen dazu, die Sicht der verschiedenen Beteiligten auf die Qualität des Kindergartens zu erfassen. Jeder einzelne wird die Fragen etwas anders einschätzen und aus der Summe der Ergebnisse ergibt sich ein Bild darüber, welche Stärken und Schwächen die Pädagogen in ihrer Einrichtung wahrnehmen.

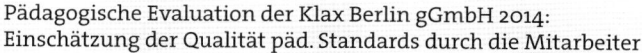

Pädagogische Evaluation der Klax Berlin gGmbH 2014:
Einschätzung der Qualität päd. Standards durch die Mitarbeiter

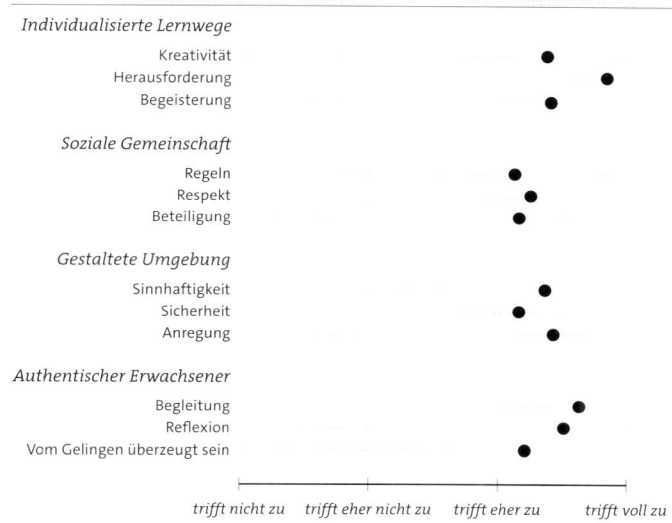

Quelle: Pädagogische Evaluation der Klax Berlin gGmbH, 2014, eigene Darstellung

Den gleichen Fragebogen sollte man nun einsetzen, um auch die Meinung der Eltern zur Qualität der Einrichtung zu erfassen. Wichtig ist dabei natürlich, dass die Fragen verständlich formuliert sind und aus Sicht der Eltern beantwortet werden können. Eine Antwortmöglichkeit, wie zum Beispiel: „Hierüber habe ich nicht genügend Informationen", ermöglicht den Eltern dabei eine ehrliche Antwort und lässt gleichzeitig Rückschlüsse auf Kommunikationsbedarf von Seiten der Einrichtung zu. Oft weisen Erzieher daraufhin, dass Eltern nicht genug Einblicke in den pädagogischen Alltag haben, um zum Beispiel die Frage, ob Projekte bewusst aus der Entwicklungsbeobachtung und -dokumentation abgeleitet wurden und bestimmte Ziele verfolgen, beantworten zu können. Sollte es aber nicht Aufgabe eines Kindergartens sein, so transparent und nachvollziehbar die eigene Arbeit zu kommunizieren, dass Eltern sie verstehen können? Informationen richtig zu kommunizieren, ist Teil der Arbeit eines qualitativ hochwertigen Kindergartens.

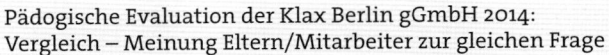

Pädogische Evaluation der Klax Berlin gGmbH 2014:
Vergleich – Meinung Eltern/Mitarbeiter zur gleichen Frage

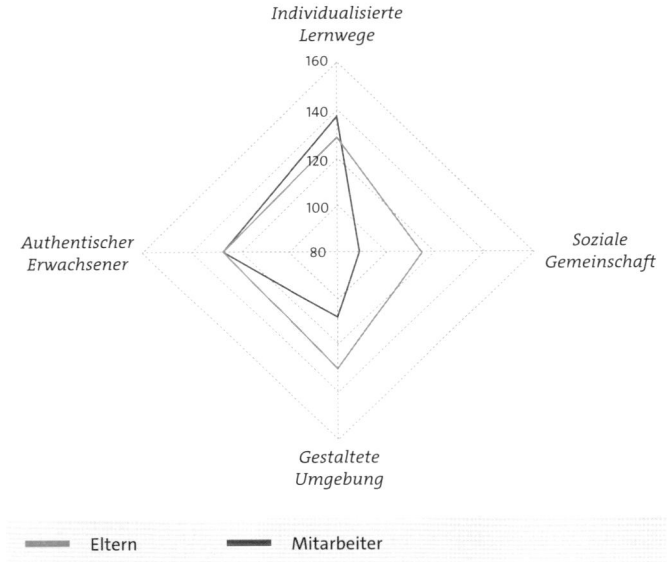

Quelle: Pädagogische Evaluation der Klax Berlin gGmbH, 2014, eigene Darstellung

Die Ergebnisse der Eltern- und Mitarbeiterbefragungen werden spannende Überschneidungen und Unterschiede in der Einschätzung der pädagogischen Qualität der Einrichtung offenbaren. Die Analyse und Interpretation der Ergebnisse sollte gemeinsam, zum Beispiel in einem Gespräch zwischen Elternvertretung und Einrichtungsleitung, erfolgen.

Das Expertenaudit

Ein Audit ist eine systematische Beobachtung und Bewertung einer Einrichtung, die stets durch folgende Phasen gekennzeichnet ist:

1. Die Planung und Organisation

Die Planung und Organisation von Audits werden die meisten Krippen und Kindergärten nur am Rande miterleben. In dieser Phase werden die allgemeinen Regeln festgelegt, wer auf welche Weise die Audits durchführen kann und wie einzelne Punkte bewertet werden sollen. Ergebnis dieser Phase ist meist eine Auditcheckliste anhand derer die Auditoren ihre Beobachtungen erfassen und anschließend bewerten. Gleichzeitig wird in dieser Phase ein Auditplan aufgestellt und festgelegt, wer wann welche Einrichtung auditieren wird. Handelt es sich nicht um ein unangekündigtes Audit, sollte die Einrichtung an dieser Stelle bereits frühzeitig erfahren, wann ein Auditor sie besuchen wird. Die Phase der Planung und Organisation findet meist auf Ebene der Träger oder eines externen Qualitätsunternehmens statt.

2. Die Vorbereitung

In der Vorbereitungsphase werden die vorhandenen Daten und Dokumente zur jeweiligen Einrichtung geprüft. Welche Ziele hat sich der Kindergarten selber gesetzt? Wurden diese dokumentiert? Zeigen sich Auffälligkeiten in Belegungszahlen oder Krankenquoten? Je nachdem, ob ein trägerinternes oder externes Audit stattfindet, wird der Zugang zu diesen Informationen unterschiedlich geregelt sein. Gerade bei externen Audits werden häufig vorab Eltern und Mitarbeiter zu verschiedenen Themen befragt. Dabei erheben die Auditoren Daten, die sie mit ihren persönlichen Eindrücken während des Audits abgleichen. Am Ende dieser Phase erhält die Einrichtung einen genauen Auditplan, in dem festgelegt wird, welche Aspekte durch die Auditoren überprüft werden sollen. Gleichzeitig wird hierbei ein genauer Zeitplan vorgeschlagen. Passt dieser Plan nicht zu den Abläufen der Einrichtung, sollte dies den Auditoren bekannt gegeben werden. Die Abläufe der Einrichtung haben Vorrang.

3. Die Durchführung

Während eines Audits wird die pädagogische Umsetzung in der Einrichtung überprüft. Dies geschieht sowohl anhand einer Begehung und der Hospitation in pädagogischen Situationen im Alltag der Einrichtung, als auch anhand der vorhandenen Dokumentationen. Auditoren haben eine Geheimhaltungsvereinbarung unterschrieben. Ist man sich dennoch gegebenenfalls nicht sicher, welche Daten man Auditoren zur Ansicht geben darf, sollte dies immer in Rücksprache mit dem Träger entschieden werden. Oft gibt es dort einen Datenschutzbeauftragten, der weiß, welche Informationen nicht offengelegt werden dürfen.

4. Die Bewertung
Nach Abschluss der Begehung erfolgt eine kurze mündliche Auswertung des Audits. Offengebliebende Fragen werden mit den Auditoren geklärt. Die Beurteilung des Auditors erfolgt anhand folgender Bewertungseinteilung:

Note 1: Die Anforderungen werden wie gefordert erfüllt.
Note 2: Es gibt in der Umsetzung leichte Abweichungen
            von den Anforderungen, aber im Grunde sind diese erfüllt.
Note 3: Die Anforderungen werden nur teilweise erfüllt.
            Es gibt einen großen Verbesserungsbedarf.
Note 4: Die Anforderungen werden überhaupt nicht erfüllt.

Verbunden mit der Bewertung durch den Auditor werden gegebenenfalls Verbesserungsvorschläge und Auflagen an die Einrichtung gegeben. Diese sind immer mit Terminfrist umzusetzen und werden durch den Auditor gegebenenfalls nach kontrolliert.

5. Die Verbesserung und Überprüfung
Auch wenn ein Audit keine Auflagen zur Folge hat, lassen sich oft Verbesserungsmöglichkeiten ableiten. Diese sollten zeitnah nach dem Audit bewertet und in der Einrichtung umgesetzt werden. Leider endet an dieser Stelle in den meisten Fällen der Qualitätskreis ohne letztlich vollendet zu werden. Wichtig ist, dass alle vollzogenen Änderungen und Verbesserungen nach einer festgelegten Frist, zum Beispiel nach sechs Monaten, auf ihre Wirksamkeit überprüft werden. Wurde die Veränderung nachhaltig umgesetzt? Stellen wir fest, dass dadurch das gewünschte Ergebnis erzielt wurde? Können daraus Schlussfolgerungen gezogen werden oder muss doch ein anderer Weg gesucht werden?

Der zweijährige Tommi benötigt glutenfreies Essen und die Küche der Einrichtung kann dies auch entsprechend liefern. Tommis Essen kommt immer in einem speziell gekennzeichneten Behälter. Die Bezugserzieherin von Tommi ist leider erkrankt, weshalb heute eine Vertretung das Mittagessen begleitet. Sie entdeckt das markierte Essen und fragt in die Runde, wer denn Tommi sei. Kein Kind meldet sich. Sie holt die Leiterin des Kindergartens hinzu, um Tommi zu finden. Denn ihr ist bewusst ist, wie wichtig es ist, dass er seine Sonderkost erhält.

In der nächsten Sitzung diskutiert das Team darüber. Keiner mag sich vorstellen, was passiert wäre, wenn die Vertretungserzieherin nicht so besonnen reagiert hätte. Eine Erzieherin schlägt vor, dass der Sonderkostplan mit den Fotos der jeweiligen Kinder versehen wird, damit auch Vertretungen schnell und sicher erkennen können, wer bestimmte Lebensmittel nicht verträgt. Man einigt sich darauf, die Idee umzusetzen und in einem halben Jahr zu kontrollieren, ob sich die neue Methode bewährt hat.

Sechs Monate später stellen die Erzieher fest, dass der Sonderkostplan mit Fotos so in die Normalität übergegangen ist, dass kein Teammitglied mehr darauf verzichten möchte. Auch der externe Auditor hat den Plan bei der letzten Begehung ausdrücklich gelobt.

Dokumentieren Sie diese Überprüfungen. Dies gibt Ihnen zum einen die Chance, aus begangenen Fehlern nachhaltig zu lernen und zum anderen die Möglichkeit, ihre Verbesserungen und Maßnahmen – auch für das nächste Audit – zu kontrollieren. Und seien wir ehrlich: Auch wenn ein Auditor immer gerne sehen möchte, dass vorgeschlagene Maßnahmen erfolgreich umgesetzt wurden, ist es vor allem für die Kinder wichtig, dass Chancen zur Verbesserung der Qualität auch tatsächlich genutzt werden.

Vorbeugen ist besser als Wunden heilen

Von Auditoren wird man besonders gerne gefragt, welche Vorbeugemaßnahmen man getroffen hat, um Fehler zu verhindern. Für Erzieher ist diese Frage zunächst unverständlich. Hier hilft es, wenn man sich folgendes Beispiel aus dem Baugewerbe anschaut:

> Beim Hausbau wird zu Beginn sehr genau die Statik berechnet. Schließlich möchte niemand, dass sein neu gebautes Haus nach dem Richtfest einstürzt. Um Fehler zu verhindern, die die vorher berechnete Statik gefährden, enthalten die Baupläne an neuralgischen Stellen Warnhinweise durch Ausrufezeichen oder Warndreiecke, damit alle wissen, dass an diesen Stellen besonders genau gearbeitet werden muss und keine leichtfertigen Änderungen vorgenommen werden dürfen.

Tatsächlich haben wir im Kindergarten eine ganze Reihe solcher Warnhinweise und Regeln, die so sehr eingeübt sind, dass die Erzieherinnen sie oft gar nicht mehr wahrnehmen, wie zum Beispiel bei der Temperaturmessung des Essens, bevor es an die Kinder ausgegebenen wird oder der ausschließlichen Nutzung von geprüftem Spielzeug mit Sicherheitssiegel. Und bei Ausflügen gilt die Regel, alle Kinder mit Namen und Kindergartenadresse zu versehen und die Gruppe regelmäßig durchzuzählen. Die Auditoren wollen sehen, dass diese Regeln dokumentiert sind und in festgelegten Abständen unterwiesen werden. Machen Sie sich einmal die Mühe, die Warnhinweise in ihrem Kindergarten zu identifizieren und sie werden feststellen, wie gut die Einrichtung Fehler bereits im Vorfeld verhindern kann.

Wer macht was bis wann?

In Ihrer Einrichtung wurden die Eltern und die Mitarbeiter befragt. Der Besuch des Auditors ist abgeschlossen. Diese unterschiedlichen Maßnahmen zur Untersuchung der Qualität ihres Kindergartens geben ihnen eine Datenbasis, an der sie Stärken und Schwächen im pädagogischen Alltag offenlegen können. Das ist der Moment, an dem die eigentliche Verbesserung beginnt. Lassen Sie diesen nicht ungenutzt verstreichen. Nehmen Sie sich mindestens einmal jährlich einen ganzen Tag mit ihrer Einrichtung die Zeit, um systematisch über die Ergebnisse zu diskutieren. Es bieten sich verschiedene Methoden zur Analyse von Sachverhalten an, deren Ursachen sie untersuchen möchten. Identifizieren ihre Stärken und Schwächen systematisch mit der SWOT-Methode. Möchten Sie die Ursache eines häufig auftretenden Problems in ihrer Einrichtung untersuchen, lässt sich hierfür auch die Ishikawa-Methode anwenden.

Ursache-Wirkungs-Diagramm nach der Ishikawa-Methode

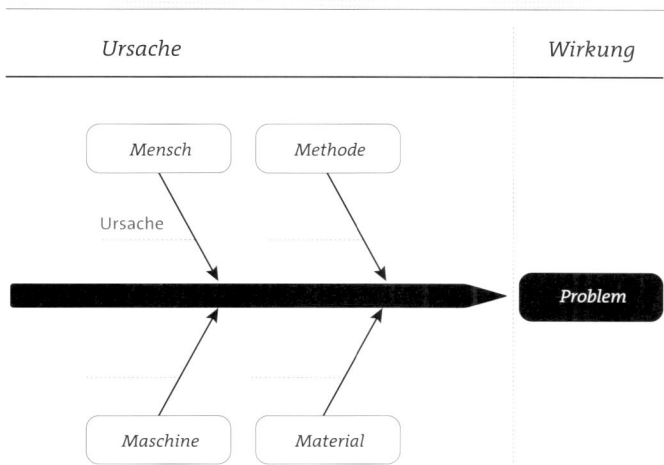

Quelle: Ishikawa-Methode, eigene Darstellung

> In der Kita Krabbelkiste kommt es immer wieder zu großen
> Auseinandersetzungen. Die Eltern sind sehr unzufrieden,
> dass das Mittagessen jeden Tag zu viel Zeit in Anspruch
> nimmt und deshalb nicht alle Kinder so rechtzeitig essen
> können, wie es ihren Bedürfnissen entspricht. Die Erzieher
> sind ratlos, haben sie doch schon mehrfach in der Küche
> darum gebeten, das Essen eine halbe Stunde eher zu liefern.
> Dies gehe nicht so einfach, sagen die Köche. Die Diskussion
> um die Mittagssituation dreht sich im Kreis: Eltern, Erzieher
> und Küchenmitarbeiter sind unzufrieden, aber niemand weiß
> eine Lösung.

Hier hilft es, ein Ishikawa, ein Ursache-Wirkungsdiagramm anzufertigen. (Diese Art und Weise der Ursachenforschung geht auf
den japanischen Chemiker Ishikawa Kaoru zurück.) Die Form des
Ishikawa-Diagramms ähnelt einer Fischgräte und wird deshalb auch
häufig so genannt.

Man benennt zuerst das Problem; in unserem Fall würde es lauten:
„Die Durchführung der Mittagsmahlzeit dauert zu lange". Anschließend wird dieses Problem in verschiedenen Kategorien untersucht.
Es wird danach gefragt, ob der Mensch, die Maschine, das Material
oder die Methode das Problem verursacht haben könnte. Die Erzieherinnen schreiben die vier Kategorien auf Karten und hängen diese an die Wand. Dann schreibt jede auf, welche Ursachen sie für das
Problem vermutet und ordnet ihre Karte den Kategorien zu. Am Ende
dieses Prozesses kann man schon an der Anzahl der Karten, die einer
Kategorie zugeordnet wurden, vermuten, um welche Ursache es sich
am wahrscheinlichsten handelt.

In unserem Fall war es die Methode. Die Analyse ergab, dass die Küche
zu spät mit Lebensmitteln beliefert wird und deshalb nicht früher mit
dem Kochen beginnen kann. Auch die Erzieherinnen fanden eine Verbesserung. Die Cafeteria des Kindergartens ist nicht sehr groß – dies erschwert es die Regel umzusetzen, dass jede Kindergruppe gemeinsam

isst. Man hatte sich entschieden alle Gruppen nacheinander essen zu lassen. Das führte dazu, dass immer ein Tisch leer blieb und die Essenszeit zu stark ausgedehnt wurde. Inzwischen herrscht dieses Problem in der Kita Krabbelkiste nicht mehr. Die Küche hat ihre Bestellroutinen geändert und in der Cafeteria essen nun immer anderthalb Kindergruppen zusammen. Die Essenzeit konnte deutlich verkürzt werden.

Es ist besonders wichtig festzulegen, was Sie im nächsten Jahr erreichen wollen. Wenn Sie das tun, legen Sie Qualitätsziele fest. Achten Sie dabei darauf, an den Punkten anzusetzen, bei denen Sie am leichtesten eine positive Entwicklung einleiten können. Nutzen Sie hier also Ihre Stärken. Ein wichtiger Hinweis: Bedenken Sie die 80 zu 20 Regel. Diese besagt, dass 80% der Ergebnisse in 20% der Gesamtzeit eines Projekts erreicht werden. Die verbleibenden 20% der Ergebnisse benötigen 80% der Gesamtzeit und verursachen die meiste Arbeit. Haben Sie ein Ziel bereits zu 90% erreicht, ist es deshalb sinnvoller, die verbleibenden 10% offen zu lassen und sich auf ein Thema zu konzentrieren, dass erst zu 20% erreicht wurde. Hier können Sie schneller und mit weniger Kraft positive Ergebnisse erzielen, die für alle sichtbar und deshalb motivierend sind.

Bei den Zielformulierungen sollten Sie zudem immer die SMARTA-Regeln beachten, die wir im Eingangskapitel erläutert haben. Viele Ziele lassen sich nicht in einem Schritt erreichen und müssen daher in einzelne Maßnahmen unterteilt werden. Hierzu bieten sich sogenannte Maßnahme- bzw. Erfolgspläne an. Achten Sie immer darauf, dass bei den einzelnen Schritten die „3 W-Fragen" beantwortet werden: **W**er macht **W**as bis **W**ann. Nur wenn diese Punkte festgelegt sind, kann der Verantwortliche die Erledigung der laufenden Maßnahmen kontrollieren.

Maßnahmenplan für:

Ziel:

Ausgangssituation:
Beschreiben Sie in möglichst wenigen einprägsamen Sätzen die Ausgangssituation Ihrer Abteilung bzw. ihres Bereichs.

...

Allgemeine Zielsetzung:
Was soll, möglichst in wenigen einprägsamen Sätzen formuliert, erreicht werden? Eventuell aus Projektauftrag übernehmen.

...

Indikatoren:
Wie lässt sich die Zielerreichung messen? Wie soll später ein Projektcontrolling erfolgen? Wann ist das Projektziel erreicht und das Projekt abgeschlossen? Siehe hierzu auch die Indikatoren aus dem Projektauftrag.

...

Zeitstruktur/Meilensteine:
Maßnahmen zur Zielerreichung

Meilenstein 1:

Der Meilenstein wird durch folgende Maßnahmenschritte erreicht:

Termin	Maßnahme	Verantwortlich	Indikator

Welche Untersützung von welcher Abteilung wird bis wann benötigt,
um den Meilenstein 1 erfolgreich umzusetzen?

Termin	Unterstützungsmaßnahme	Abteilung	Indikator

Quelle: Qualitätsmanagementsystem der Klax Gruppe, eigene Darstellung

Tue Gutes und rede darüber

Veröffentlichen Sie Ihre Evaluationsergebnisse und die daraus ab-
geleiteten Maßnahmen. Schämen sie sich nicht dafür, dass sie noch
nicht an allen Stellen alles erreicht haben. Keine Einrichtung ist perfekt und es werden überall Fehler gemacht. Wichtig für die Quali-
tätsentwicklung eines Kindergartens ist eine Kultur, die aus Fehlern
lernt und gleichzeitig über Vorbeugemaßnahmen verfügt, die Fehler
am Menschen verhindert. Wenn Sie zeigen, dass sie Maßnahmen aus
ihrer Evaluation ableiten und diese auch umsetzen, können sich die
Eltern sicher sein, ihr Kind in einem guten Kindergarten abzugeben.
Gleichzeitig zeigen Sie als Eltern damit, dass Sie Kritikpunkte ernst-
nehmen und schaffen so die Basis für eine gute Zusammenarbeit.

Darüber hinaus ist die transparente Kommunikation von Evaluati-
onsergebnissen und Maßnahmeplänen ein sichereres Zeichen für
Eltern, dass in dieser Einrichtung mit offenen Karten gespielt wird
und ein ernsthaftes Interesse an einer kontinuierlichen und gemeinsam verantworteten Qualitätssteigerung vorhanden ist.

Qualitätsbericht
Teil 1: Bericht der Einrichtung
* Unsere Einrichtung
* Wichtige Ereignisse im vergangenen Jahr
* Unsere Ziele

Teil 2: Qualitätseinschätzung
* Ergebnisse der Elternbefragung und
  der Pädagogischen Selbstevaluation
* Auswertung und Zielsetzung durch
  Einrichtungsleitung und Elternvertretung
* Einschätzung durch den Auditor
* Ergebnisse der Befragung zur Mitarbeiter-
  zufriedenheit Qualitätseinstufung

Anhang
* Zertifikat

*Die Klax-Einrichtungen veröffentlichen jährlich einen Qualitätsbericht. Dieser wird
von einem Zertifikat begleitet, welches in den Einrichtungen ausgehangen wird.*

Qualitätsmitgestalter: Die Eltern

Eltern sind die Kunden des Kindergartens. Ihre Anforderungen und Erwartungen bilden einen der Ausgangspunkte der pädagogischen Kernprozesse. Das Maß, in dem Kindergärten diese Anforderungen erfüllen, entscheidet über Ruf und Ansehen der Einrichtung. Eines der wichtigsten Qualitätsmerkmale ist dabei das Gelingen der Zusammenarbeit mit den Eltern. In diesem Kapitel erklären wir warum, stellen erprobte Instrumente vor und beschreiben Chancen und Grenzen einer engen Zusammenarbeit von Eltern und Kita.

Elternzusammenarbeit ist das von Kindergartenteams am wenigsten geliebte Thema. Das liegt vor allem daran, dass es zwischen Erzieherinnen und Eltern immer wieder zu Konflikten kommt, unter denen beide Seiten leiden. Das Grundproblem liegt in der Kommunikation. Erzieherinnen leben die Kultur des Kindergartens mit all ihren Besonderheiten. Wir sind im Kapitel: „Qualitätsumsetzer: Die Mitarbeiter" ausführlich darauf eingegangen. Eltern dagegen stellen eine heterogene Gruppe dar, die unterschiedlichste Lebensstile, Verhaltensmuster und Anforderungen verkörpern. Hinzu kommt, dass die Aufgabe, welche die Gesellschaft dem Kindergarten zuschreibt, sich vor allem in den letzten Jahren dramatisch verändert hat.

Die vom Staat eingerichtete Institution zur Betreuung von Kindern berufstätiger Eltern ist heute zu einem die Lebensqualität und das Lebensumfeld von Familien bestimmenden Faktor geworden. Kein Wunder also, dass Eltern am Kindergartengeschehen teilhaben wollen.

Erzieher müssen sich klar machen, dass die Entwicklung der Kinder von Eltern und Einrichtung gleichermaßen beeinflusst wird. Dies macht das bekannte Dreieck der Erziehung deutlich.

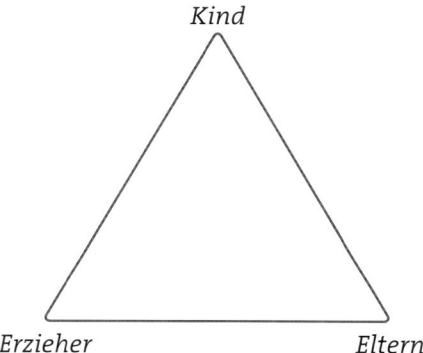

Kinder werden in Institutionen und zu Hause groß. Da ist es nur natürlich, dass gemeinsame Verpflichtungen bestehen, Gemeinschaft gelebt und Verantwortung geteilt werden muss. Hier steht dem Kindergarten eine große Entwicklung bevor.

Kundenerwartungen

Sowohl Eltern als auch Erzieher beschäftigen sich mit dem Miteinander in der Einrichtung. In welchen Bereichen wünschen sich Erzieher mehr Einsatz der Eltern? Und worüber würden Eltern in der Einrichtung gerne mehr erfahren? Die Redaktion der *BANANENBLAU Zeitschrift für Eltern und Kinder* hat in der Ausgabe 2/2014 in verschiedenen Kindergärten nach Meinungen gefragt – und Antworten wie die folgenden erhalten.

Erzieher:

„Ich würde den Eltern gerne mehr zu den Themen Bindung und Grenzen vermitteln – finde aber keinen passenden Rahmen dafür. Mehr Unterstützung der Eltern wünsche ich mir bei der Vorbereitung und Durchführung von Festen.“

„Ich würde mir mehr Interesse und Mitarbeit von den Elternvertretern wünschen.“

„Ich möchte den Eltern öfter vermitteln, dass wir familienergänzend agieren und sie weiterhin den Kindern ein Vorbild für das Familienleben sind. Außerdem ist mir das gegenseitige Vertrauen sehr wichtig."

„Es ist mir wichtig, den Eltern meine Tätigkeit zu vermitteln: Wie sieht mein Tag aus? Vielleicht können dadurch eventuelle Vorurteile abgebaut werden."

Eltern:
„Mehr erfahren würde ich gerne über Tagesrückblicke und wie es meinem Kind in der Einrichtung geht. Dadurch, dass meine Tochter immer sehr früh in die Kita gebracht werden muss und leider auch erst spät abgeholt werden kann, ist der Bezugserzieher nicht immer greifbar. So ist es manchmal sehr schwierig, den Tag nachzuvollziehen."

„Als Mutter einer fünfjährigen Tochter würde ich mich gerne in die Ausflüge einbringen. Leider wird hier durch die Erzieher gar nicht nach einer Teilnahmemöglichkeit als weitere Begleitung gefragt."

„Ich bin mal eingesprungen, als ein Erzieher im Stau stand und ich die Zeit hatte, beim Frühstück zu helfen. So eine Situation bietet mir als Elternteil die Gelegenheit, Einblick in den Kita-Alltag und dem Erzieher Entlastung in einer Ausnahmesituation zu geben."

„Bei meiner großen Tochter hat eine Mutter ein Theaterprojekt angeboten, als der Erzieher sich einer geplanten OP unterziehen musste, und mit den Kindern gemeinsam ein Stück entwickelt. Das Ergebnis war ein voller Erfolg. Ein tolles Beispiel, wie Kompetenzen eingebracht werden können und Unterstützung ein Gewinn für alle Seiten sein kann."

Häufige Schwierigkeiten in der Zusammenarbeit zwischen Eltern und Erziehern

Die „Es-allen-recht-Macheritis"

„Wir würden ja eigentlich gerne ganz anders arbeiten", sagen die Erzieher einer an diesem Symptom leidenden Kita, „aber die Eltern…!" Je nach dominierender Klientel sind die Handlungen, die Erzieherinnen gegen ihre Überzeugung ausführen, andere: Im Kindergarten mit traditionell orientierter Elternschaft werden Fensterbilder und Muttertagsgeschenke gebastelt, obwohl man sich längst einem kreativeren Konzept verschrieben hat, und es werden die Kinder den Eltern zuliebe zum Mittagsschlaf „genötigt". Im „Bildungs-Kindergarten" löst ein wohlklingendes Angebote das nächste ab, obwohl laut Überzeugung der Erzieher ein durch Impulse bereichertes Freispiel viel mehr Wert für die Kinder hätte.

Oft orientiert sich die Erzieherin bei der Darstellung der Ergebnisse der eigenen Arbeit an den Wünschen der Eltern und verliert dabei die Kinder aus dem Blick: Beim Gestalten des Portfolios hat die Erzieherin den erhofften Stolz in den Elternaugen vor sich – nicht die Wahrnehmung der Kinder, die eigentlich damit in erster Linie bestärkt werden sollen. Ein gutes Gefühl bei den Eltern erzeugen – dieses Ziel beeinflusst oft die Gestaltung scheinbar harmloser Momente am Tag. „Nachdem Sie gegangen sind, hat sich Luis schnell wieder beruhigt!", heißt es dann, obwohl ein ehrliches Gespräch über eine gemeinsam veränderte Übergabesituation sinnvoller gewesen wäre.

Besonders schwierig wird die „Es-allen-recht-Macheritis", wenn den Erzieherinnen klar ist, dass sich nicht alle Elternwünsche gut miteinander vereinbaren lassen: Statt klar Position zu beziehen, warum Töpfchen-Training oder Schnell-Eingewöhnung keinen Sinn machen, werden lieber windelweiche Formulierungen verwendet: Von „individuell auf Kinder- und Elternbedürfnisse abgestimmt" wird gesprochen und auch mal gegen eigene Überzeugungen verstoßen, wenn es eigentlich nur darum geht, bloß nicht anzuecken.

Popeln, bis man auf Widerstand stößt

Das gehörte zu den Paradoxien jeder Schulzeit: Gestrengen, fiesen, unsympathischen Lehrern gehorchte man artig – während die weichen, menschlich verständlichen Typen oft unbarmherzig ausgetestet wurden: Wie weit muss die 8a gehen, damit Herr Schmidt wutentbrannt das Klassenzimmer verlässt? Schülern im Pubertätsalter geht es bei diesem Austesten natürlich um eine entwicklungsbedingte Machtfrage, aber daneben oft auch um Authentizität: Wen haben wir da eigentlich vor uns?

Mit dem letztgenannten Effekt haben wir es im Kindergarten oft zu tun, wohl als Folge der „Es-allen-recht-Macheritis": Die Unklarheit, mit der Erzieherinnen ihre Ziele und Überzeugungen vermitteln, führt unbewusst zu dem Bedürfnis auf Elternseite, „klare Kante" zu spüren. Bei überraschend vielen Konflikten zwischen den Erziehungspartnern im Kindergarten schwingt die Vermutung der Eltern mit, dass da doch etwas dahinter stecken müsse: Geht man nicht täglich raus, weil man zu bequem ist, die Personaldecke zu eng ist oder Angst vorm Verlieren einzelner Kinder hat? Gehen die Hausschuhe wirklich einfach so verloren – oder ist es Absicht?

Wohlmeinende feindliche Übernahme

„Wir haben gar keine Probleme mit den Erziehern", erzählen Eltern in einer Kita, „im Gegenteil: Wir planen nicht nur Feste zusammen, sondern entwickeln auch gemeinsam Projekte und gestalten den Kindergarten zusammen um!" Die Erzieher teilen die Begeisterung nicht ganz: „Die ständigen Theaterprojekte unserer Schauspieler-Mütter machen natürlich Eindruck – aber unsere Rolle ist dann, das Drumherum im Alltag zu organisieren. Und als wir bei der Neugestaltung des Bauraums argumentiert haben, dass den Kindern die Designideen der Eltern weniger wichtig sind als viel Material in praktischen Kästen, kamen wir mit unseren Ansichten schlicht nicht durch gegen die Übermacht der Eltern – Gestaltungsfreiheit sieht anders aus!"

Auch das kann Folge unklarer Grenzziehung sein. Weil Elterngruppen in aller Regel nicht aus fachkundigen Pädagogen bestehen, sondern hier Menschen mit ganz unterschiedlichen Ansichten über Pädagogik zusammenkommen, läuft das meist auf allmähliche Konzeptverwässerung hinaus: Kurzfristige Moden verändern den Kinderalltag zu Lasten der Freispielphase und anderer Momente, deren Sinn sich Eltern nicht sofort erschließt. Und dämmert dem Team irgendwann einmal, dass es zu weit gegangen ist mit der Elternarbeit, steht ein sehr schmerzhafter Prozess des Rückverschiebens von Grenzen bevor.

Den Kunden verstehen

Wie geht es Eltern, die das erste Mal in die Kita kommen? Wie Kinder, die einen neuartigen Spielplatz erkunden, versuchen neu angekommene Eltern im Kindergarten zuerst einmal herauszufinden, was man hier alles machen kann. Dabei versuchen Sie Antworten auf die verschiedensten Fragen zu bekommen: Gibt es an diesem Ort besondere Attraktionen, die darauf warten, erkundet zu werden? Existieren Regeln, die man begreifen und dann einhalten muss? Handelt es sich etwa einfach um einen Freiraum, in dem man sich selbst überlegen kann, was man gerne machen möchte?

Eltern denken darüber nach, was wohl ihr Part in der neuen Situation ist. Klar, das Kind muss pünktlich gebracht und abgeholt werden, an Wechselwäsche und Beitragszahlung muss gedacht werden. Aber welche Möglichkeiten bietet der Kindergarten für die Eltern persönlich, welche Facetten ihrer Persönlichkeit kann und dürfen Eltern hier ausleben? Im Gesetz steht die Worthülse „Erziehungspartnerschaft", aber diese sagt nichts darüber aus, ob der Kindergarten bereit ist, Neulingen in Erziehungsfragen beizustehen, ob im Kindergarten so etwas wie ein neuer Freundeskreis entstehen kann oder ob es sich um ein Podium für den Austausch pädagogischer Fragen handelt. Eltern könnten sich auch fragen, ob der Kindergarten bereit ist, ihnen auch in persönlich schwierigen Lagen beizustehen – oder ob man andersherum darauf wartet, von Eltern finanziell, emotional oder intellektuell unterstützt zu werden.

Wie beantworten Eltern diese Fragen? Genau wie die Kinder: Konzepte sowie die Erklärungen der Erzieher mögen einen gewissen Einblick geben – aber viel entscheidender ist wohl, was die bereits dazugehörenden Eltern vorleben. Wie die Kinder im neuen Sandkasten beobachten, was andere Kinder tun, so beobachten und übernehmen auch neue Eltern das Tun ihrer Vorgänger. Das bewirkt, dass sich Rituale der Elternarbeit so schwerfällig verändern. Wenn die erste Elterngeneration ihre Aufgabe darin gesehen hat, das Team finanziell zu unterstützen, werden es kommende Elterngenerationen wohl auch tun. Gewinnt eine Elterngeneration den Eindruck, ihre Aufgabe in Bezug auf Elternarbeit sei kritische Begleitung des als unzureichend empfundenen Teams, gliedern sich neue Eltern genauso automatisch in diese Sicht und die damit verbundene Handlung ein.

Was entwickelt sich daraus? Im besten Fall eine stabile Basis, wenn die zufällig gefundene Form von Elternarbeit zu dem passt, was das Team benötigt. In den ungünstigeren Fällen entsteht ein zähes Gegeneinander: Weil das, was die Eltern an Aktivitäten einbringen, nicht zu dem passt, was das Team braucht, entstehen immer wieder Konflikte und das Gefühl, sich rechtfertigen zu müssen oder des lieben Friedens willen bestimmte Punkte auszusparen.

Wie erreicht man, dass Elternarbeit zum Nutzen des Kindergartens beiträgt anstatt sich zum ewig schwelenden Konfliktherd zu entwickeln? Die entscheidenden Weichen kann man direkt am Anfang stellen: In der Phase, in der neue Eltern kommen und überlegen, „was man hier machen kann", sollte man über ein klares Konzept von Elternzusammenarbeit verfügen, dass auf dem ersten Elternabend und in Begrüßungsgesprächen klar mit Chancen und Grenzen vorgestellt wird. Wichtig ist, dass das Konzept die verschiedenen Bedürfnisse der Eltern, der Kita und der Kinder in Bezug auf Elternarbeit erfasst und berücksichtigt.

**Die vielleicht wichtigsten Chancen einer guten
Zusammenarbeit sind:**

- Den Kindern tut es gut, wenn ihre Eltern die Kita
  mögen, gerne besuchen und sich mit den dortigen
  Akteuren gut verstehen.

- Dem Kita-Team tut es gut, wenn es auf gezielte
  finanzielle und organisatorische Unterstützung
  der Eltern bauen kann.

- Den Eltern tut es gut, wenn sie die Ziele der
  Einrichtung kennen und als richtig für ihr Kind erleben.

**Auch in den Grenzen einer guten Zusammenarbeit
liegen Chancen für alle Seiten:**

- Den Kindern tut es gut, mit dem Kindergarten einen
  zweiten Lebensraum zu erfahren, der anders als
  zu Hause nicht von den Entscheidungen der Eltern
  geprägt ist.

- Dem Kita-Team tut es gut, wenn es Freiräume
  zum Entwickeln einer spannenden, kreativen,
  kindbezogenen Arbeit hat, ohne gleich an
  die Wünsche und Meinungen der Eltern denken
  zu müssen.

- Den Eltern tut es gut, sich mit der eigenständigen
  Arbeit der Kita und dem oft abweichenden
  pädagogischen Selbstverständnis der Erzieher
  auseinanderzusetzen, statt sich quasi nur selbst
  zu begegnen.

Den Kunden ernst nehmen

Wer Eltern wie Kinder behandelt, muss sich nicht wundern, wenn diese sich auch wie Kinder benehmen. Erzieherinnen sind es gewohnt, auf Kinder einzuwirken. Ihr Arbeitsumfeld ist kindlich geprägt, die Möbel klein und das Material in den Räumen hat nichts mit dem Erwachsenenleben der Pädagogen zu tun. In vielen Kindergärten gibt es nicht einmal einen Raum, in dem Erzieherinnen auf erwachsene Art und Weise arbeiten, sich ausruhen oder miteinander ins Gespräch kommen können. Viele Erzieherinnen ziehen sich in den Kindergarderoben um. So wenig erwachsenes Umfeld führt am Ende dazu, dass kindliches Verhalten auch dann die Oberhand gewinnt, wenn es nicht angemessen ist.

Zum Elternabend werden den Eltern die Kinderstühle hingestellt. Diese fühlen sich sofort an die eigene Kindheit erinnert und reagieren auf die wohlmeinende Erzieherin vor ihnen, wie früher auf die Lehrerin in der Grundschule. Es wird gequatscht und dazwischen geredet. Die Erzieherinnen wundern sich dann über das Verhalten der Eltern, machen sich aber nicht bewusst, dass sie es selbst ausgelöst haben. Dass sie selbst eine Veränderung der Situation, zum Beispiel durch eine erwachsene Raumgestaltung, herstellen könnten, kommt vielen Erzieherinnen gar nicht erst in den Sinn.

Kitas sind von ihrem äußeren Eindruck her oftmals quietschbunte Kinderhäuser, in denen Erwachsene gar nicht vorkommen. Trotzdem wird von Eltern erwartet, dass sie in all dem bunten Allerlei die Einladung zum Elternabend zur Kenntnis nehmen und der Erzieherin, die sich auf einem mit Marienkäfern und Blumen übersäten Poster als Lilli vorstellt, mit Respekt begegnen.

Die Idee, Kinderkommunikation und Erwachsenenkommunikation zu trennen, ist vielen Kindereinrichtungen noch gar nicht gekommen. Es würde allerdings einen großen Schritt hin zu einer modernen Elternzusammenarbeit bedeuten, wenn sich Erwachsene auch in Kindereinrichtungen als solche benehmen und als solche angesprochen werden würden. Die Anforderungen an die Beziehungsqualität in einem Kindergarten würden dadurch erfüllt.

Eine übersichtliche Kalendertafel mit Kreide beschriftet und farblich zurückhaltend gestaltet spricht Eltern an. So wird kein Elternabend mehr vergessen.

Regeln für gute Elternkommunikation:

- Alle Personen im Kindergarten haben Vor- und Nachnamen und benutzen diese.
- Der untere Teil der Wände ist für die Kinder da, der obere für Erwachsene. Deshalb ist es unten bunt und oben sachlich.
- Versammlungen von Erwachsenen finden in Räumen statt, die für Erwachsene eingerichtet sind.
- Zwischen Erwachsenen gelten Gesprächsregeln, die in ihrer Welt außerhalb der Kita Usus sind.

Den Kunden gewinnen und behalten

Gute Elternarbeit findet auf unterschiedlichen Gebieten statt – über die folgenden sollten Sie sich Gedanken machen:

Elternabend – Was möchten wir vermitteln?

Begreifen Sie, liebe Erzieherinnen, Elternabende nicht als Treffen in geselliger Runde mit etwas Offiziellem nebenher, nicht als offenes Austauschforum, bei dem man nebenbei miteinander ins Gespräch kommen kann. Das alles ist Nebensache gegenüber der Hauptaufgabe, die Sie eher als Bildungsangebot verstehen können – schließlich wollen Sie den Eltern Inhalte vermitteln. Indem Sie vorstellen, aus welchem Grund Sie etwas geplant und durchgeführt haben, möchten Sie den Eltern, auch wenn das ungewohnt klingen mag, etwas beibringen. Es ist gut, sich diesen Gedanken vor der Planung in Erinnerung zu rufen und sich dann die „klassischen Pädagogenfragen" zu stellen: „Was will ich vermitteln?", „Welcher Sachverhalt ist zu komplex?", „Mit welcher Methode bringe ich es den „Lernenden" bei?"

Es versteht sich dann fast von selbst, dass der Elternabend kein ungeregelter Abend mit ungewissem Ende und vielen Worten bleibt, sondern eine klare Struktur benötigt, um die Teilnehmer nicht zu überfordern. Vor allem sollten Sie mit der Absicht, den Eltern etwas beizubringen, nicht hinter dem Berg halten. Machen Sie deutlich, dass sie die vorbereiteten Themen vermitteln möchten und erfragen Sie auch, ob den Eltern das jeweilige Thema schon bekannt ist.

So werden Elternabende zu qualitativ hochwertigen „Lern"-Veranstaltungen:

- Damit sich die Eltern auf die behandelten Themen vorbereiten können, geben Sie dieses per Einladung bekannt.

- Bei sehr theoretischen Themen ist es sinnvoll, den Eltern Material zur Vorbereitung zur Verfügung zu stellen, zum Beispiel Zeitungsartikel zum Thema.

- Planen Sie Methodenwechsel ein: Neben Vorträgen können Sie auch Filme oder Bilder zeigen. Wichtig ist, die Eltern aktiv zu beteiligen, indem Sie Ideen und Meinungen abfragen.

- Bereiten Sie eine erwachsenengerechten Raum mit passenden Stühlen und einer Sitzordnung vor, die möglichst niemand in zweiter Reihe sitzen lässt.

- Bieten Sie Getränke und Knabbereien nicht in übertriebener Form an, sondern als kleine Pausen-Stärkung.

- Fragen Sie zwischendurch, ob alles verstanden wurde oder ob noch Fragen offen sind und weisen Sie auf den zeitlichen Ablauf hin: „Jetzt kommt noch ein längerer Punkt und dann sind wir fertig."

- Lassen Sie die Elternvertretung oder Eltern, die einen eigenständigen Beitrag leisten wollen, zu Wort kommen. Dazu bietet sich ein mit Ihnen abgesprochenen Referat an. Vermeiden Sie ein frei zu gestaltendes „Überraschungsmoment". Auch das zeigt: Sie führen die Regie für den Abend.

Elternmail – Wie geben wir welche Informationen weiter?

Der kleine Mitschreibzettel auf dem Elternabend ist wohl unausrottbar. Die bessere Methode, Sachinformationen weiterzugeben, ist ein regelmäßig erscheinender Rundbrief. Am besten versenden Sie diesen per E-Mail und stellen ihn auf der Kita-Homepage bereit. Die Kernaufgabe eines solchen Briefs ist die Vermittlung aktueller Termine. Natürlich sollten Sie ihn auch nutzen, um Einblick in die laufenden Projekte und die Stimmung in der Kita zu geben.

So wird die Rundmail zum praktischen Newsletter:

- Die Rundmail erscheint in verlässlichem, regelmäßigen Turnus. Muten Sie sich dabei keinen zu engen Takt zu, der nachher kaum zu halten ist, denn ausbleibende Infobriefe irritieren sehr.

- Nach einem freundlichen Begrüßungssatz sollten Sie möglichst sachlich und ohne allzu große Ausschmückungen aus dem Kitaleben berichten.

- Die aufgeführten Termine sollten Sie in Tabellenform auflisten, damit diese auf einen Blick zu erkennen sind.

- Vermeiden Sie heikle Themen und einen „belehrenden" Tonfall.

- Lassen Sie den Brief von einer Kollegin querlesen, um Fehler oder auch eine ungeeignete Ansprache herauszufiltern.

- Denken Sie daran, dass sie diese Rundmail an Erwachsene richten und verzichten sie auf kindliche Verzierungen.

Elterngespräch

„Sich auszutauschen" ist der Zweck von Gesprächen. Der Wortteil „tauschen" beschreibt dies ganz gut: Beide Seiten haben im Elterngespräch Einschätzungen, Wahrnehmungen und Wünsche in Bezug auf das Kind, die sie der anderen Seite zum Tausch anbieten, damit beide Seiten, wie bei einem Tauschgeschäft üblich, profitieren können.

Das ist in pädagogischen Einrichtungen nicht automatisch so. Viele Gespräche in der Kita basieren darauf, dass Pädagogen berichten und Eltern fragen. Aber das diskriminiert quasi beide Seiten: Müssen die Erzieher etwa den Eltern einseitig Rechenschaft ablegen? Ist das, was die Eltern zum Austausch beizutragen hätten, so uninteressant?

In qualitativen Elterngesprächen sollten also immer beide Seiten berichten, um zu signalisieren, dass es Grundlage einer guten Arbeit am Kind ist, über dieses Bescheid zu wissen. „Gut, darüber geredet zu haben", sagt man nach Elterngesprächen manchmal, wenn „alles in Ordnung" war, es also nichts zu veranlassen gibt. Auch darüber kann man nachdenken und verabreden, dass jedes Elterngespräch ein kleines Fazit haben sollte, also eine Aktion nach sich zieht, die wiederum beide Seiten mit Blick auf das Kind beachten und durchführen.

So gelingen Elterngespräche:

- Es gibt einen verbindlichen Turnus, zum Beispiel halbjährlich oder jährlich. Zu den Gesprächen lädt die Kita ein, am besten durch persönliche Ansprache der Eltern und Nennung möglicher Termine.

- Die Gespräche haben einen verabredeten Ablauf: Man startet mit der Einschätzung der Eltern und des Teams, danach folgt das Durchblättern des Portfolios, anschließend das Verabreden von unterstützenden Schritten. Geregelt sollte auch sein, ob und ab welchem Alter die Kinder selbst zu diesem „Entwicklungsgespräch" eingeladen werden sollten.

- Wenn die Erzieherinnen zum Gespräch Formulare verwenden, sollten Sie den Eltern vorab anbieten, dieses Blatt ebenfalls auszufüllen, um gleichberechtigt ins Gespräch zu gehen.

- Wird ein Fazit festgehalten – in Form einer verabredeten Maßnahme – sollte dieses auf einem Protokollbogen festgehalten werden. Im folgenden Gespräch wird resümiert, was die Maßnahme bewirkt hat.

Veranstaltungen für Eltern

„Die Eltern", die man so gerne durch Feste, Basare oder Garteneinsätze einbeziehen möchte, gibt es nicht. Der folgende Hinweis klingt banal, aber es ist wichtig sich klarzumachen, dass man statt einer scheinbar homogenen Masse an Eltern die unterschiedlichsten Menschen vor sich hat, deren möglicherweise einzige Gemeinsamkeit es ist, Kinder zu haben. Es ist eigentlich selbstverständlich, dass all diese Individuen nicht gleichermaßen begeistert von bestimmten Veranstaltungsformen sind, also alle gerne Fußball spielen oder Kuchen mitbringen.

Gute Kitas sollten für unterschiedliche Eltern unterschiedliche Formen von Elternveranstaltungen anbieten, natürlich nicht die eine als Alternative zur anderen, aber im Wechsel, um möglichst viele Individuen zu erreichen.

Was sollten die Eltern tun, wenn sie in die Kita eingeladen sind? „Stolz auf ihre Kinder sein" – und deswegen begeistert deren Vorführungen erleben – ist ein bisschen wenig an Aktivität. Neben der Rolle als Gast bei Ausstellungen von Kinderbildern und Zuschauer beim Theaterstück, brauchen Eltern meist auch Momente, in denen sie selbst etwas tun können, weil sie dabei viel mehr als beim passiven Zuhören in Kontakt mit Pädagogen und anderen Eltern treten.

Darauf sollten Sie achten:

- Laden Sie zu Feiern ein, die für alle im Kindergarten vertretenen Kulturen und Familienformen passend sind. Denken Sie in unserer multikulturellen und vielfältigen Welt nicht nur an „Mutter und Vater" und christlich geprägte Feste!

- Erfragen Sie bei den Eltern, welche Form von „Angeboten" in Kunst, Bewegung oder Musik diese interessieren und bieten diese dann gemeinsam mit ihnen an.

- Entwickeln Sie für Feste Angebote, die Kindern und Eltern besonderen Spaß machen. Das garantiert gemeinsame Begeisterung bei Alt und Jung und erhöht das Verständnis für Ihre Arbeit.

- Öffnen Sie Ihre Räume für nicht-kommerzielle Angebote von Eltern: Nichts spricht gegen Eltern-Flohmärkte im Garten oder den Yoga-Kurs eines Vaters für andere Eltern.

Kundenbeschwerden nutzen

Wer sich beschwert will, dass sich etwas ändert. Eltern, die sich nicht oder nicht mehr beschweren, sollten den Erzieherinnen Sorgen machen. Kundenzufriedenheitsmessungen im Qualitätsmanagement zeigen, dass die Kunden am zufriedensten sind, deren Beschwerde erfolgreich gelöst wurde. Wenn man erlebt, dass irgendetwas nicht klappt oder am eigentlichen Sinn vorbei geht, möchte man es „loswerden", indem man es einer zuständigen Stelle mitteilt. Manchmal ist man sich auch gar nicht sicher, ob etwas richtig oder verkehrt ist – und gerade deswegen benötigt man jemanden, an den man sich wenden kann. Wenn Menschen das Gefühl haben, dass es keine Stelle gibt, die ihre Bedenken oder Anmerkungen ernst nimmt, reagieren sie meist mit dem Wechsel des Anbieters oder empfehlen das Produkt nicht weiter. Dies ist schlecht für Kindergärten, da gerade diese vom Empfehlungsmarketing leben, ihre Kunden also durch die Empfehlung anderer zufriedener Kunden gewinnen.

Kindergärten müssen also über ein funktionierendes Beschwerdesystem verfügen, über das die Leitung sicherstellt, dass jede Wortmeldung dort ankommt, wo sie hingehört und das ihr hilft, flexibel auf Elternmeinungen und -wünsche zu reagieren. Damit wird Eltern garantiert, dass sie ihre Meinungen einbringen können und dass diese auch etwas bewirken. Das sorgt nicht nur für Entspannung, sondern bereichert die Einrichtung ungemein, erfährt sie damit doch, an welchen Punkten sie sich weiterentwickeln sollte – und welche unrealistischen Erwartungshaltungen mit den Eltern geklärt werden müssen.

„Ich hab meine Meinung gesagt, aber da passiert doch eh nichts!" – Mit dem „Loswerden" ist es natürlich nicht getan. Eltern fühlen sich ernstgenommen, wenn ihre Anfragen beantwortet werden, wenn klar ist, dass sich jemand mit dem Thema beschäftigt hat oder wenn zumindest erklärt wird, warum die Arbeit in bestimmten Punkten eben nicht verändert werden kann.

Tipps und Ideen zum Einholen von Elternmeinungen

Elternbriefkasten

Früher stand in vielen Einrichtungen ein beklebter Schuhkarton als „Elternbriefkasten" in der Garderobe – meist wenig benutzt: Die Vorstellung, man werfe dort verärgert einen Zettel mit Kritik ein, statt ein offenes Gespräch zu suchen, ist etwas bedrückend. E-Mail-Kommunikation hat diesen Punkt etwas vereinfacht, denn elektronisch scheint man informeller darüber schreiben zu können, was einem auf dem Herzen liegt. Richten Sie für Ihre Kita also eine E-Mail-Adresse für Lob, Kritik und Informationen ein und garantieren Sie, dass täglich nachgesehen und E-Mails zügig beantwortet werden – spätestens am Folgetag.

Zusammenarbeit mit der Elternvertretung

Laden Sie zusätzlich die Elternvertretung ein, „Briefkasten" für das Feedback der Eltern zu spielen, indem diese per Mail, Brief und Gespräch Anliegen der Eltern aufnehmen. Ein monatlicher Gesprächstermin zwischen Leitung und Vertretung und regelmäßiges Feedback müssen vereinbart sein, damit die Eltern wissen, dass ihre Anliegen auch bearbeitet werden.

Persönlich geht es am besten

Wie bei jedem anderen Unternehmen, das mit Menschen arbeitet, ist der direkte Weg von Angesicht zu Angesicht der beste – und wohl auch der einfachste. Ein freundlicher, verständnisvoller Zugbegleiter im verspäteten ICE kann dem Bahnmanagement viele verärgerte Briefe ersparen. Genauso erspart sich eine Erzieherin unnötige Aufregung, wenn es ihr gelingt, den Eltern zu signalisieren: „Sprecht mich bei Kritik einfach an!"

Damit ihr das gelingt, muss sie einige Fähigkeiten trainieren: Freundlich und sachlich bleiben, auch wenn das vorgebrachte Anliegen zu Widerspruch reizt. Den Eltern Unmut von den Augen ablesen können und den Mut haben, sie darauf anzusprechen: „Sollen wir uns mal unterhalten?" Klug ist es, solche Unterhaltungen nicht in der unruhigen Bring- oder Abholsituation zu führen, sondern eine Zeit dafür zu verabreden: „Wenn Sie mögen, können wir in einer halben Stunde einmal in Ruhe darüber sprechen!"

Professionell bleiben

Es ist nicht einfach, auf Knopfdruck freundlich und zuvorkommend zu sein, wenn das Bauchgefühl dagegen spricht. Bleiben Sie beim Siezen gegenüber den Eltern, denn dies erleichtert es Ihnen, Kritikgespräche in einer sachlichen Atmosphäre zu führen.

Achten Sie beim Thema Kritik auf folgende Punkte:

- Den Eltern ist, zum Beispiel über einen Aushang, bekannt, auf welchem formellen Weg sie Kritik loswerden können.

- Auf schriftlich geäußerte Kritik antworten Sie immer zeitnah. Erfordert die Antwort Zeit oder ein Gespräch, teilen Sie dieses entsprechend mit.

- Den Eltern ist bekannt, dass Fragen über den Elternvertreter an das Team geleitet werden können und dass diese ausführlich besprochen werden.

- Sichern Sie ab, dass es auch mündliche Wege gibt, um Anmerkungen und Kritik schnell loszuwerden. Trainieren Sie, wie man Eltern auf geeignete Weise darauf anspricht.

Mut zum Träumen

Wie sieht die perfekte Kita aus, die wir uns erträumen? Mit der folgenden Fantasiereise laden wir Sie ein, dieses Traumhaus zu besuchen – und darüber nachzudenken, wie die eigene Kita ganz real zur Traum-Kita werden kann.

Wer die Traum-Kita betritt, merkt als erstes: Hier geht alles „wie von selbst". In der Traum-Kita haben die Kinder endlos zu tun. Es gibt in zu vielen Raumbereichen Dinge, die es wert sind, untersucht und bespielt zu werden, um jemals damit fertig zu sein. Diese nimmermüde Aktivität entschleunigt die Arbeit der Erzieherinnen: Sie hasten nicht von Angebot zu Angebot, sondern schlendern durch die Räume, um zu sehen, wo man sich hinzugesellen kann, um zu sprechen, zu bewundern, zu inspirieren, zu fotografieren oder einfach nur zu beobachten.

Kann man den Alltag der Traum-Kita als „geregelt" bezeichnen? Schwere Frage, denn es geht zwar alles seinen Gang, aber allzu viele Plakate und Sprüche mit Hinweisen auf Grenzen gibt es dort nicht. Trotzdem wissen die Kinder ganz genau, was man darf und was nicht: Was jemand anderem schadet oder ihn stört, lässt man lieber. Anderen wehtun ist deswegen genauso unpassend, wie ganz laut zu brüllen oder Dinge kaputtzumachen. Die Garderobe aber stört es nicht, wenn man in ihr spielt. Die Kinder wissen, dass Regeln ihnen helfen, weil sie immer wieder mit den Erziehern zusammensitzen und darüber nachdenken.

Die Traum-Kita wird von ganz unterschiedlichen Kindern besucht, die jeden Tag neu lernen miteinander gut umzugehen. Es kommen Konflikte auf, die auch wieder beigelegt werden – das ist ganz normal. Die Räume in der Traum-Kita wirken wohnlich, wie ein Wohn- und Spielzimmer. Manche Räume sind nagelneu und perfekt ausgestattet. Andere wirken verwunschen und vom Alter gezeichnet. Die Wildnis des Gartens wird durchbrochen vom neuen Klettergerüst. In einer Ecke steht eine Bank, deren Alter man an den Riefen im Holz erkennt.

Erbaut hat die Traum-Kita ein Architekt, dessen Innovation in dem Grundsatz liegt, dass Kindergartengebäude nicht die Handschrift eines bestimmten Architekten zeigen, sondern den Bedürfnissen der Kinder, die dort aufwachsen, und denen der Erziehern, die sie umsorgen, gerecht werden müssen. Eine Traum-Kita benötigt nämlich Räume, die anregend und sinnvoll sind und keine äußere Gestalt, die bewundert werden will.

Die Mitarbeiterinnen der Traum-Kita sind Menschen wie du und ich. Weder handelt es sich ausschließlich um diplomierte Pädagoginnen mit Zusatzqualifikation, noch um Frauen mit nichts als „Herz und Schnauze". Der Mix macht es aus: Die Mischung der großen Menschen ist genauso bunt wie die der Kleinen, die die Kita besuchen. Sie haben unterschiedliche Vorlieben, Kenntnisse, Erfahrungen und Ansichten – und eine Gemeinsamkeit: Sie schauen auf die Kinder, um herauszufinden, was diese von ihnen brauchen. Sie sind unverwechselbar, einzigartig, auf ihre ganz bestimmte Art prägend – und doch gilt: Fehlt mal einer von ihnen, ist der Alltag der Kinder genauso spannend und angenehm wie immer.

Die Eltern sind begeistert von der Traum-Kita, na klar! Aber das sind sie kaum, weil die Kita alle ihre Vorstellungen erfüllt, die sie sich von einer guten Kita ausgemalt haben – sondern weil sie sie zum Nachdenken bringt. „Erst durch die Kita habe ich mein Kind richtig verstanden", erzählen sie dann. In der Traum-Kita werden die Kinder nicht nur abgeben. Die Eltern sind Teil der Kita und ihre Meinung ist wichtig. Sie erhalten Tipps und Anregungen und sind gemeinsam mit den Erzieherinnen am Großwerden beteiligt.

Für den Träger ist die Traum-Kita alles, nur nicht pflegeleicht. Ihr Budgetplan ist mitunter eine Katastrophe, weil die Traum-Kita ein hohes Maß an Flexibilität benötigt: Den bereits eingeplanten Schrank benötigen sie doch noch nicht, denn die Materialien zum Malen und Basteln sind erst einmal wichtiger, da sich der Bestand rapide verkleinert! Die Verantwortlichen beim Träger schnauben kurz und schauen dann, wie sie das Problem lösen, damit alles stimmt – für die Kinder, und nicht für den Buchhalter. Manche denken weiter und wünschen sich eine Kita, die unternehmerisch handelnd ihr eigenes Geld verdient und dieses entsprechend der Bedürfnisse der Kinder ausgeben kann.

Die Traum-Kita ist eine lernende Kita. Die Erzieherinnen sind zufrieden mit dem, was sie erreicht haben und suchen deshalb nach neuen Entwicklungen und Verbesserungen für den Alltag der Kinder.

Zum Schluss: Sieben Leitsätze für Kitaqualität

1. Eine gute Kita ist verlässlich. Auch wenn Jahreszeit, Mitarbeiter, Räume, Kinder und Eltern sich verändern, ist das, was die gute Kita ausmacht und weswegen Eltern und Mitarbeiter sie sich erwählt haben, klar erkennbar. Diese Unverwechselbarkeit liegt an einem gemeinsam entwickelten und auf den Punkt gebrachten Selbstverständnis, an Standards und Routinen, die die Qualität sicherstellen und weiterentwickeln.

2. Eine gute Kita fragt vor allem anderen, was Kinder und Eltern brauchen. Die Kita ist sich bewusst, dass sie für Kinder und deren Familien da ist und lebt diese Kundenorientierung. Empfehlungen von Bildungsprogrammen, Sicherheitsregeln, Elternwünsche und Forderungen an die bestmögliche Bildung werden natürlich beachtet – aber immer mit den Bedürfnissen der Kinder abgewogen: Wie kann ich das, was sie brauchen, im Einklang mit diesen Gegebenheiten umsetzen?

3. Eine gute Kita ist flexibel. Räume, Tagesabläufe und Gruppen dürfen und müssen sich immer wieder verändern, weil Kinder sich entwickeln und gesellschaftliche Anforderungen nicht gleich bleiben. Erzieherinnen in guten Kitas gehen selbstverständlich davon aus, dass pädagogische Arbeit ein Prozess ist, der Regeln folgt, auf Standards beruht und der doch stets für das einzelne Kind angepasst wird.

4. Eine gute Kita sorgt für ihre Mitarbeiter. Ohne ein Team aus ausgebildeten und engagierten Fachkräften geht es nicht. Erzieherinnen sind kreativ, an der Gestaltung des Kindergartens beteiligt und entwickeln die eigenen Fähigkeiten durch Fortbildungen und Reflexionen weiter. Sie treten im Kindergartenalltag als Erwachsene auf, weil Räume und Kommunikationsstrukturen dies ermöglichen.

5. Eine gute Kita arbeitet wirtschaftlich erfolgreich, denn nur so kann sie ihr eigenes Bestehen langfristig sichern, mit Ressourcen verantwortlich umgehen und sich auf der Grundlage selbst erreichter Ergebnisse entwickeln.

6. Eine gute Kita vereint verschiedene Interessen. Sie macht es nicht jedem recht, indem sie danach trachtet, allen Wünschen der Eltern, der Kinder, der Mitarbeiter oder der Bildungspolitik gerecht zu werden. Aber eine gute Kita weiß, dass man verschiedene Interessen zusammenbringen muss, indem man Mitmenschen mitnimmt, einbezieht und überzeugt. Eine gute Kita sucht Lösungen, damit unterschiedlichste Menschen auf der Grundlage einer guten Beziehungsqualität zusammenleben können.

7. Eine gute Kita kann zum zweiten Zuhause für Familien mit Kindern werden.

Die Autoren

Antje Bostelmann

Antje Bostelmann ist ausgebildete Erzieherin und bildende Künstlerin. Sie entwickelte die Klax Pädagogik, ein modernes pädagogisches Konzept, welches das Kind in den Mittelpunkt der pädagogischen Arbeit stellt und das allen Einrichtungen von Klax zu Grunde liegt. Sie entwickelt Lern- und Spielmaterialien für die Arbeit in Kindergarten und Krippe und gibt als Referentin bei Kongressen, Workshops und Fortbildungen ihre Erfahrungen und Ideen weiter. Seit 1995 hat sie zahlreiche pädagogische Fachbücher veröffentlicht, darunter viele Bestseller. Antje Bostelmann ist Mutter von drei Kindern und lebt in Berlin.

Michael Fink

Michael Fink ist ausgebildeter Kunstpädagoge. Er ist als Autor vieler pädagogischer Fachbücher, Berater und Dozent in der Weiterbildung von ErzieherInnen und LehrerInnen tätig. Schwerpunkt seiner Arbeit ist dabei der kreativ-künstlerische Bereich: Es fasziniert ihn, wie intensiv schon ganz kleine Kinder lernen, wenn sie sich mit gestalterischen Aufgaben auseinandersetzen. Fink sucht immer wieder neue Wege, um Pädagogen Anstöße für eine veränderte Arbeitsweise zu geben, indem er ungewöhnliche Aktionsausstellungen zu pädagogischen Themen entwickelt oder auch mal die Welt der Pädagogik mit satirischen Texten auf die Schippe nimmt.

Gerrit Möllers

Gerrit Möllers studierte an der Universität Münster Pädagogik als Unterrichtsfach sowie Geographie, Soziologie und Geschichte auf Lehramt. Als Dozent hält er regelmäßig Seminare zu den Themen Kommunikation, Führungsverhalten und Qualitätsmanagement. Seit 2011 ist Gerrit Möllers bei Klax tätig und leitet die Bereiche Weiterbildung, pädagogische Entwicklung und Qualitätssicherung. Seine besonderen Interessen sind bildungsphilosophische Theorien und die Nutzung digitaler Medien in Bildungszusammenhängen. Er ist verheiratet und lebt in Berlin

Zum Weiterlesen

Antje Bostelmann, Michael Fink
Methodenbox für die Krippe
Grundlagen und Arbeitshilfen zur Beobachtung und
Dokumentation bei Kindern unter 3
Bananenblau 2013
116 Seiten, Broschur
ISBN 9783942334259

Antje Bostelmann (Hrsg.)
Stufenblätter für die Krippe
Das Arbeitsmaterial für die individuelle Entwicklungsplanung
mit dem Portfolio
Bananenblau, 3. unveränderte Aufl. 2014
88 Seiten, Broschur
ISBN 9783942334013

Antje Bostelmann (Hrsg.)
Stufenblätter für Kita und Kindergarten
Das Arbeitsmaterial für die individuelle Entwicklungsplanung
mit dem Portfolio
Bananenblau 2010
102 Seiten, Broschur
ISBN 9783942334020

Antje Bostelmann, Thomas Metze (Hrsg.)
Der sichere Weg zur Qualität
Kindertagesstätten als lernende Unternehmen
Beltz 2000
168 Seiten, Broschur
ISBN 9783472038764

Antje Bostelmann (Hrsg.)
Controlling in Kindertagesstätten
Beltz 2005
112 Seiten, Broschur
ISBN 9783589252688

Der Bestseller aus Italien

Nachhaltige Erziehung in Krippe und Kindergarten – Das Slow School Konzept

Von ihren Eltern von einem Sprachkurs zum nächsten geschleppt, dazwischen noch ein bisschen Sport und abends nochmal den Stoff des Tages durcharbeiten – den Kindern von heute bleibt keine Zeit zum Durchatmen! Gleichzeitig sind sie unselbstständig, verwöhnt und konsumfixiert. Sie haben verlernt, sich mit sich selbst zu beschäftigen, Dinge eigenständig zu entdecken und zu erfahren oder sich einfach mal zu langweilen. Mit anderen Worten: Sie wissen nicht, wie sie Kind sein sollen!

Hier müssen Krippe, Kindergarten und Eltern zusammenarbeiten und den Alltag der Kinder entschleunigen. Statt hoher Produktivität sollten alltägliche Momente wie der Besuch im Wald oder eine Kinderfrage intensiv genutzt werden, um gemeinsam mit den Kindern auf Entdeckungstour zu gehen und Neues zu entdecken. Dieses Buch soll Eltern und Pädagogen gleichermaßen zum Nachdenken anregen und bietet gleichzeitig viele praktische Ideen für die Umsetzung von großartigen Lernmomenten im Alltag.

Penny Ritscher
Nachhaltige Erziehung
in Krippe und Kindergarten
Das Slow School Konzept

Bananenblau, 2015
ISBN 978-3-942334-46-4

Außerdem erhältlich

Verantwortungsbewusst, sozialkompetent, kreativ – Das Bild vom Kind in der Klax-Pädagogik

Kleinkinder sind so niedlich mit ihren roten Bäckchen und kleinen Beinchen, doch vergessen viele Erwachsene bei diesem drolligen Anblick, dass die Kleinen ernstzunehmende Lerner sind, die mit hoch effektiven Methoden die eigene Entwicklung vorantreiben. Erwachsene haben oft Schwierigkeiten das Tun der kleinen Auskramer, Rumrenner und Krachmacher richtig zu verstehen. Kreativ, verantwortungsbewusst, sozial kompetent – so sieht das Bild vom Kind in der Klax-Pädagogik aus. In diesem Buch erfahren Sie, wie Sie den Kindern als Lernbegleiter bei jedem Abenteuer als sicherheitsgebende Bezugsperson, als Vorbilder im Umgang mit den Dingen der Welt, als Grenzensetzer, Anbieter für Lerngelegenheiten und Schaffer von Herausforderungen zur Seite stehen.

Antje Bostelmann, Gerrit Möllers
Verantwortungsbewusst, sozialkompetent, kreativ
Das Bild vom Kind in der Klax-Pädagogik

Bananenblau, 2015
ISBN 978-3-942334-48-8

Fortbildungsangebot

Gute Kita gemeinsam gestalten – Qualitätsmanagement im Kindergarten

Ob eine Bildungseinrichtung etwas taugt oder nicht, muss man erdulden, ist eine weit verbreitete Elternmeinung, und notfalls muss man eben die Einrichtung wechseln. Genauso sehen es viele Erzieherinnen, kündigen und ziehen weiter, wenn es in ihrer Kita nicht stimmt. Das muss nicht sein. In diesem Workshop wollen wir Ihnen Wege aufweisen, wie Erzieherinnen und Eltern gemeinsam auf die Qualität ihres Kindergartens Einfluss nehmen können.

Diesen Workshop können Sie als Inhouse-Seminar individuell für ihre Einrichtung buchen. Der Workshop ist ein optimaler Einstieg in eine Zertifizierung durch das Institut für Klax-Pädagogik, um sich als qualitativ hochwertige Einrichtung auszuzeichnen.